# 上司ならこれだけは知っておきたい法律知識

田宮合同法律事務所編

監修　桐蔭横浜大学法科大学院客員教授
弁護士　田宮　武文

財界研究所

上司ならこれだけは知っておきたい

# 法律知識

田宮合同法律事務所編

監修 桐蔭横浜大学法科大学院客員教授

弁護士 田 宮 武 文

# はじめに

## 「トラブル」そのままで大丈夫ですか

本書の執筆者並びに監修者は、いずれも東京都千代田区永田町に所在しております田宮合同法律事務所の所属弁護士です。

私共の法律事務所においても顧問先の多数のお客様方から毎日のように法律相談があります。

そして相談を受けながら「もっと早く相談いただければ、より早期かつ適切に処理ができたであろうに」と感じることも多くあります。

しかし、「弁護士に相談すべきか否か」の判断に迷われることもあるでしょう。

またそれ以前に、皆様が抱えているトラブルや、部下から相談を受けた事案を、皆様よりも更に上司や経営陣に相談すべきか否かで逡巡することもあるでしょう。

そのような場合に判断の目安になるのは、そのトラブルや事案が「法律に照らして大丈夫なのか」という基準です。

もしそのトラブルや事案が、法律に違反し、又はその恐れがあるものであるならば、必ず皆様の上司、更には法律の専門家たる弁護士に相談しなければなりません。

特に「コンプライアンス」(法令遵守) が重んじられている昨今、法律違反リスクは絶対に回避しなければいけません。

そのためには、前提としてそもそも「いかなる法律があるのか」「どのような法律に注意しなければならないのか」といった点を常に把握していなければ最初の判断すら満足にできません。

逆に、「この法律を知っていれば、そんなに悩むことはなかったのに」ということもあるでしょう。

法律は、本来皆様が知っていることを当然の前提として成り立っております。

そして、法律は、皆様を守るべき盾になる一方、皆様を攻め、あるいは厳しく罰する根拠ともなる以上、常に法律の最低限度の内容を知っておかなければなりません。

## 「新しい法律だから知らない」では済まされません ――

しかし、社会全体が目まぐるしく変化している現代においては、新しい法律もどんどん成立し、また従前の法律の大規模な改正も頻繁になされております。

その全てを正確に把握することはとても大変です。

特に皆様は、上司の立場として、また経営者の立場として多忙であることは想像に難くありません。

そこで大切なのは、常に法律知識についての最低限度の「アンテナ」を張ることです。

本書は経済誌『財界』紙上に連載しております「上司ならこれだけは知っておきたい法律知識」の中から、上司として、また企業経営者として最低限度知っておくべき「新しい時代の法律・判例」「労働関係」「経営者が心すべきこと」の三つの視点からピックアップしたテーマにつき、必要に応じて加除訂正し、あるいは全面的に書き直した上で、一冊の本にしたものです。

本書を読んでいただくことによって、法律知識の再確認又は補充をなさっていただくことができるでしょう。

## あなたの「意識」で大きな差

どんなに忙しいビジネスマンや経営者でも、通勤時間や休み時間等細切れの時間は意外とあるものです。

是非そのような細切れの時間を活用してでも、最低限度の法律知識に触れていただきたい。

その中には必ず皆様の抱えている、又は将来取り組むべき事案にとっても大切な「法律知識」があるはずです。

本書が、多忙なビジネスマンや経営者の皆様の良き「アンテナ」となる手助けになればと思います。

最後に、本書の刊行にあたりましては、株式会社財界研究所社長の村田博文様、御担当の畑山崇浩様、大浦秀和様をはじめ、皆様から一方ならぬご尽力をいただきました。深く感謝申し上げます。

平成 22 年 3 月

桐蔭横浜大学法科大学院客員教授
田宮合同法律事務所　所長　　　弁護士　田宮　武文

## もくじ

# Ⅰ　新しい時代の法律・判例

### インターネット関連



### 個人情報保護関係



### 会社法

## 金　融



## 経済法



## 消費者法

## 生活・環境・健康に関する法律



## 公益法人制度の改革



## 行政法

## Ⅱ　労働関係（変わる働き方）

### 人　事



### 社員に関する問題への対応

## 福　祉



## 賃金・退職金



## 事故と保険



## 労働法制

## Ⅲ　経営者が心すべきこと

### クレーム・内部告発対応



### 倒　産



### 債権回収

## 不動産



## 知的財産関係

# I

# 新しい時代の法律・判例

# インターネット関連

## ①ネット上の名誉毀損とプロバイダーの責任・対応

**「当社は、インターネット上で自由に意見などを書き込むことのできる掲示板を運営しているプロバイダーです。最近、掲示板の記載内容が名誉毀損であるので削除してもらいたいと指摘されるケースが増えています。掲示板の記載により名誉が毀損された場合、当社にも責任が発生するのでしょうか。また、そのような指摘に対し、どのように対応すればよいのでしょうか」**

### 掲示板を常時チェックする義務はない

ネット上で流通する情報により他人の権利が侵害されたときに、プロバイダー責任制限法は、プロバイダーが損害賠償責任を負うのは、その情報の流通を知っていた場合に限定しています。すなわち、どのような理由であれ、当該情報が流通しているという事実を現実に認識していなければ、プロバイダーに責任は発生しません。これは、流通する情報の内容を網羅的に監視する義務がプロバイダーにないことを明確化したものです。したがって、単に掲示板に名誉を毀損する記載がなされたというだけではプロバイダーに責任は発生しません。

### どのような場合に削除しなければならないか

質問のような指摘を受けて掲示板の記載内容を知ったとして

も、プロバイダーに責任が発生するためには、さらに、その記載により「他人の権利が侵害されていることを知ることができたと認めるに足りる相当の理由」があることが必要です。論評の域を超えた特定個人に対する人格攻撃や侮辱的な表現が用いられているなど、公共の利害と無関係であったり、公益目的でないことが明らかな場合には「相当の理由」があり、かかる記載を削除しなければ、被害者に対する損害賠償責任が発生すると考えられます。ただし、名誉毀損などの権利侵害となるかは法的評価の問題であり、最終的には司法の判断に委ねられる事項です。プロバイダー自身の判断が困難な場合や十分な調査が必要となる場合には「相当な理由」は認められないと考えられます。

また、法は「侵害情報の送信防止措置を講じることが技術的に可能」であることをプロバイダーの責任成立の要件としています。したがって、記載者の情報発信を全て停止するしかない場合や関係ない他の大量の情報送信を停止しなければならない場合には、削除しなくても被害者に対する責任は生じません。

### 記載者との関係

掲示板の記載を削除することは、記載者の表現の自由に対する制約となり、逆に、記載者から責任追及を受ける可能性もあるので、当該記載が必要以上に放置されるおそれがあります。そこで法は、権利が侵害されていると信じるに足りる「相当な理由」が認められる場合の他、権利侵害の理由を示した指摘があった場合に、記載者に削除に同意するかどうかの照会手続を行い、７日以内に削除に同意しない旨の申出がなかった場合には、削除しても記載者に対する賠償責任は生じない旨定めています。

（柳澤　泰）

## ②ネット上の掲示板に不当な書き込みをした者に対する責任追及

Q　**最近インターネット上の掲示板で当社のことが話題とされているのですが、その中に当社が「粉飾決算を行っており、潰れるのは間近だ」という全く根拠のない書き込みが面白半分でされていて困っています。そのような書き込みをした者に対し、どのような責任追及が可能なのでしょうか。**

A　そのような書き込みをすることは、刑法上の名誉毀損罪や信用毀損罪にあたりますので、刑事責任を追及するために告訴をすることが考えられます。また、民事上の不法行為にも該当することになりますので、損害賠償請求をすることが可能です。また、名誉毀損の場合には、謝罪広告など名誉を回復するのに適当な措置をとることを求めることも考えられます。

Q　**告訴や損害賠償を求めるとしても、掲示板への書き込みは全て匿名であるため、誰が書き込みをしたのかわかりません。そのような書き込みをした者が誰かを突き止める手段はあるのでしょうか。**

A　いわゆるプロバイダー責任制限法という法律は、書き込みによる権利侵害が明らかな場合に、氏名や住所など発信者を特定するための情報を特定電気通信役務提供者（プロバイダー）に対して開示請求することができると定めています。掲示板の管理者もプロバイダーにあたると考えられていますので、管理者に対し、書き込みをした者を特定するための情報の開示を求めることが可能です。

**Q　掲示板の管理者は書き込みをした者がどこの誰であるかという情報を持っているのでしょうか。**

A　匿名性のある掲示板の場合、管理者自身が書き込みをした者の氏名や住所などの情報を把握していることはまずありません。ただし、その場合であっても管理者の元に全く情報がないわけではなく、書き込みがなされた接続記録（アクセスログ）にはＩＰアドレス（インターネットに接続されたコンピュータや通信機器ごとに割り振られた識別番号）や接続日時が含まれています。このＩＰアドレスから、書き込みがなされる際に経由されたプロバイダー（アクセスプロバイダー）を特定することが可能です。そして、アクセスプロバイダーは、書き込みが発信されたコンピュータや通信機器についてプロバイダー契約を結んでいますので、ＩＰアドレスと接続日時から発信者の氏名や住所を特定しうることが多々あります。したがって、プロバイダー責任制限法を根拠に、まずは、プロバイダー掲示板の管理者に対し、ＩＰアドレスと接続日時の開示を求め、それを元にアクセスプロバイダーに対し、発信者の氏名や住所の開示を求めることにより、書き込みをした者を特定できる場合があります。

最近では、このような２段階に渡る開示請求を認めた裁判例も多くみられるようになりました。匿名性の高い掲示板であっても不当な書き込みをした者に対する責任追及の可能性は高まっています。

（柳澤　泰）

## ③インターネット上の名誉毀損に対する対応について

**Q　匿名で書き込みができるインターネット上の掲示板に、匿名で当社の名誉を毀損する書き込みがなされました。どのような法的手段がとれますか？**

A　まず、これ以上被害が拡大しないように、当該掲示板の運営者等（以下「運営者等」といいます）に対し、当該書き込みの削除を求めることが考えられます。

具体的には、当該掲示板において定められている削除手続きに従って削除を求める方法があります。

また、内容証明郵便で削除を求める方法があります。仮に運営者等がこれに応じなかったとしても、後述する法的手段をとるに当たって、「運営者等が削除要求を受けながらこれを放置した」ことの証拠になります。

これらの任意交渉が功を奏しない場合には、人格権としての名誉権に基づいて、書き込みの削除を求める仮処分申立や訴訟提起をすることになります。但し、この場合に削除が認められるのは、名誉権の侵害を中止・予防するのに必要な範囲に限られます。

なお、運営者等が削除に応じない場合に、削除義務違反を理由に運営者等に対して損害賠償請求をすることが考えられます。その場合には、プロバイダー責任制限法（以下「法」といいます）３条１項に加え、民法415条、709条等の要件を満たす必要があります。

**Q　書き込みを行った者（以下「発信者」といいます）に対して損害賠償請求をする場合の問題点は何ですか？**

A　発信者に対して損害賠償請求をするには、その氏名・住所を把握する必要があります。ところが、本件のような匿名掲示板の場合、これらの情報は掲示板に記載されておらず、運営者等もそれを把握していないことが大半であるという問題があります。

もっとも、運営者等は、発信者の氏名・住所を把握してなくても、ＩＰアドレス（インターネットに接続された個々の電気通信設備を識別するために割り当てられる番号）及びタイムスタンプ（ＩＰアドレスを割り当てられた電気通信設備から本件掲示板に侵害情報が送信された年月日及び時刻）を把握している場合があります。

その場合には、

① 法４条１項に基づいて、運営者等に対してIP アドレスとタイムスタンプの開示請求を行い、

② 開示を受けたIP アドレスから、「whois」や「nslookup」等を利用するなどして、発信者と契約し同IP アドレスを割り当てたプロバイダーを突き止め（同プロバイダーは、課金の都合上、発信者の氏名・住所を把握しているものと考えられます）、同プロバイダーに対し、法４条１項に基づいて発信者の氏名・住所の開示請求を行うという方法をとることができます。

なお、「whois」や「nslookup」等については、インターネットで「whois」、「nslookup」等の言葉で検索すれば、これらの機能を提供するウェブページが見つかります。「whois」によりIP アドレスやドメインの登録情報を取得することができ、「nslookup」によりIPアドレスとドメインとの相互検索ができます。

また、プロバイダーにおいて、IP アドレス等の情報を保存している期間は通常数か月程度であり、以上の手続きをとるに当たっては迅速性が要求されることに注意が必要です。

（小室大輔）

OKYO3

# ④「ストリートビュー」はプライバシー侵害?
## 〜総務省の提言〜

### 総務省の提言

グーグル社の「ストリートビュー」に代表されるインターネットによる道路周辺映像サービスは、外出先の確認や取引の対象となる土地・建物の状況調査など、私的にもビジネス上でも幅広く利用されています。反面、個人の姿が写っていたり、塀の中がのぞき見えたりすることもあり、個人情報保護法との関係やプライバシー・肖像権の侵害ではないかという問題も指摘されています。

これまでに司法的判断がなされた例はないようですが、総務省の研究会は第一次提言として平成21年8月に意見をまとめました。

### 個人情報保護法の「個人情報」にあたるか

提言では、公開されている道路周辺映像は、主として住居の外観であり、誰の住居であるかまでは特定できないものが大半である、個人の容貌が写っていたとしても、顔の部分にぼかしをかけているとして、個人を識別できる「個人情報」には該当しないとしています。ただし、サービス提供者がぼかしをかける前の画像を保存している場合には「個人情報」に該当するとしています。

### プライバシーや肖像権との関係

提言では、道路周辺映像サービスが相応の社会的意義を持っていること、目的が人の容貌の公開自体ではなく地図情報の提供であること、撮影が公共の場であることなどから、カメラ位置などに配慮し、ぼかしを入れたり解像度を落とすなどの措置を取っている限り、プライバシーや肖像権との関係で一律にサービスを停止すべき重大な問題があるとまではいえないとしています。ただし、プライバシーや肖像権侵害となるかについては、個々の映像の内容や写り方によって異なるため、個別のケースごとに検討されるものです。特にインターネットは世界中の誰もが手軽に目にすることができるものですから、一旦プライバシーや肖像権が侵害されることとなれば、侵害の程度は非常に大きいものとなります。

**サービス提供者への提言**

提言では、「サービス提供者に一定の法的リスクが残ることは避けられない」ことを指摘し、プライバシーや肖像権侵害に対する懸念や不安を払しょくするために、撮影態様の配慮やぼかし処理等に加え、

①事前に大まかな撮影の場所や時期を知らせておくなどの情報提供

②本人から申出があった場合に画像を速やかに削除する手続の整備（インターネットだけでなく電話でも受付ける）

③サービス内容やプライバシーへの配慮等についての周知等を徹底すること

をサービス提供者に対して求めています。

グーグル社もこの提言に対応するとし、「現在撮影中のエリア」をウェブページ上で公開し、専用サイトやパンフレットを用意して周知活動を強化しているようです。

（柳澤　泰）

# ⑤特定電子メール法による迷惑メールの規制（1）

今やｅメールは、ビジネスや生活に欠かすことのできない通信手段です。しかし、出会い系サイトやアダルトグッズなどの広告・宣伝のメールが一方的に送られてきた経験をお持ちの方は多いと思います。このような迷惑メールは、単にわずらわしい、不快であるというだけでなく、携帯電話で受信した場合には課金され、また、架空請求や児童売春などの犯罪の契機ともなっています。電子通信事業者は、複雑なメールアドレスへの変更を呼びかけ、ドメイン指定受信サービスの提供や大量送信を制限する措置などをとっていますが、法的な規制も不可欠です。

## 特定電子メール法の成立

平成14年に成立した特定電子メールの送信の適正化等に関する法律（特定電子メール法）は、送信に同意していない個人に対する営業の広告・宣伝のためのｅメールを特定電子メールと定義し、次のような送信者に対する規制を定めました。

- 送信の際に、①特定電子メールであること（未承諾広告）②送信者の氏名または名称、住所③送信に用いたアドレス④送信拒否の通知を受けるためのアドレス——などを表示しなければならない。
- 送信拒否の通知をした者に対し、特定電子メールを送信してはならない。
- コンピュータプログラムなどを用いて作成した架空のアドレスに宛てて広告・宣伝のｅメールを送信してはならない。
- 送信者がこれらの規制に反した場合には、総務大臣は必要な措置を命じることができ、その命令に従わない場合には、50万円以下の罰金に処する。

## 平成17年の法改正による規制の強化

ところが、法律の制定にもかかわらず、送信方法はますます巧妙化・悪質化しており、迷惑メールによる被害が減少しているとはいえません。そこで、迷惑メールに対する規制を強化するために、次のような法改正が平成17年5月にされました。

・個人だけでなく、企業が事業のために利用しているアドレスへのメールも特定電子メールに含め、その範囲を拡大した
・禁止される架空アドレス宛てのメールを拡大し、広告・宣伝を内容としない空メールや友人を装ったメールをも含めた
・送信者アドレスなどの送信者情報を偽って送信することを直接禁止し、違反者に対して総務大臣の措置命令を待たずに、直接刑事罰を課すことができるようにした
・罰則を1年以下の懲役または100万円以下の罰金に引上げた

## その後の規制のあり方

平成17年の法改正により迷惑メールに対する規制は強化されましたが、送信技術はめまぐるしく変化するため、対策が不十分となる日が必ずくることになります。迷惑メール対策については、電気通信事業者や利用者とともに検討し続けることが不可欠であり、平成17年改正法も3年以内に見直しを行うこととし、平成20年に次頁以下のような改正がなされました。

（柳澤　泰）

# ⑥特定電子メール法による迷惑メールの規制 (2)
## ～平成 20 年改正～

### さらに改正された経緯

平成 20 年 6 月 6 日に「特定電子メールの送信の適正化等に関する法律の一部を改正する法律」が公布されました。同法は、平成 20 年 12 月 1 日から施行されています。

この特定電子メール法は、迷惑メール防止法などとも言われます。この法律は、平成 14 年に成立して以来、平成 17 年に改正が行われたばかりでしたが、平成 20 年にも更に法改正が続いたのです。

その背景には、海外から発せられる迷惑メールも依然増えて、巧妙化・悪質化していることがありました。平成 20 年改正により海外発国内着の電子メールが法規制の対象となることを明確化し、迷惑メール対策を行う外国執行当局に、必要な情報の提供を行うことができることにしました。

### 主な改正内容

改正内容の大きな柱は、①オプトイン方式による規制の導入②法の実効性の強化です。

オプトイン方式とは、広告宣伝メールの規制に関し、取引関係にある者への送信など一定の場合を除き、あらかじめ送信に同意した者に対してのみ送信を認める、という「同意がない限りそもそも送信禁止」方式のことをいいます。これに対し、平成 14 年に特定電子メール法が制定されて以降、これまで我が国はオプトアウト方式の規制だと言われていました。このオプトアウト方式は、まず送信者の送信は基本的に認めつつ、再送信拒否の通知をした者には再送信が禁止されるという規制なのです。

方式をかえる理由はなにかと言いますと、我が国の特定電子メール法は、制定時、世界的にも先駆的な立法であったのですが、その後現在までに諸外国は、オプトイン的考え方による法規制を導入してきているという実態があります。海外発国内着メールの増加など国際的連携の強化も必要ですし、オプトアウト方式の前提である再送信拒否の通知がかえって迷惑メールを招くとの指摘もあるため、平成20年改正により、オプトイン方式を導入したのです。

その他の規制としては、あらかじめ送信に同意した者等から広告宣伝メールの受信拒否の通知を受けたときは以後の送信をしてはならないこととする、とか、広告宣伝メールを送信するにあたり、送信者の氏名・名称や受信拒否の連絡先となる電子メールアドレス・URL等を表示することとしたなどの改正があります。

平成20年改正のもう1つの大きな柱である「実効性の強化」としては、例えば、法人に対する罰金額をこれまでの「100万円以下」から「3000万円以下」と引き上げたことがあります。また、送信者情報を偽った電子メールの送信に対し、電子通信事業者が電子メール通信の役務の提供を拒否できることとしたり、電子メールアドレス等の契約者情報を保有する者（プロバイダー等）に対し総務大臣が情報提供を求めることができることとしました。また、総務大臣の報告徴収や立入検査の対象に送信者だけではなく送信委託者も含まれるように拡大しました。送信委託者に対し必要な措置を命ずることができるようになったので、送信者が海外でも送信委託者が国内にいる場合は必要な措置を命ずることができるようになりました。

（依田修一）

## ⑦インターネット取引における法的問題

### 誤操作

インターネット上の消費者取引を行う際に、クリック操作を誤って、真意と違う数量の商品を注文してしまった場合、その契約の効力をどのように考えればよいでしょうか。例えば、商品を1個だけ注文するつもりだったのに、誤って画面に10個と表示し、それに気づかず、そのまま申込送信してしまった場合、10個として契約が有効なのか問題となります。

### これまでの民法の議論

このような場合、意思と表示にくい違いがあり、それを表意者が知りませんので、意思表示の錯誤にあたります。

意思表示に錯誤があり、それが「法律行為の要素」、すなわち、法律行為の重要な部分にある場合には、その意思表示は原則として無効であると民法は定めています（民法95条本文）。

ただし、意思表示をした者に「重大な過失」、すなわち、著しい注意義務違反があった場合は、その者を保護する必要はありませんので、自ら無効を主張し得ないと民法95条但書は定めています。

従って、民法の規定からすると、商品数を誤って画面に10個と表示しながら、それに気づかず、そのまま申込送信してしまったことが民法95条但書の「重大な過失」と評価されれば、錯誤無効の主張も認められない可能性があったのです。

### 電子消費者契約法の制定（民法95条但書の排除）

しかしながら、近年のインターネット取引拡大のもとで、インターネットの簡便性、迅速性というメリットを生かしつつも、消費者を保護する必要があります。そのため、電子消費者契約法＝「電子消費者契約及び電子承諾通知に関する民法の特例に関する法律」が制定され、平成13年12月25日から施行されています。

同法３条本文によれば、消費者が行う電子消費者契約の申込または承諾の意思表示について、消費者が誤った意思表示をしても民法95条但書が適用されないことになりました。従いまして、誤操作をした消費者は、事業者から重大な過失があると反論されても、錯誤無効の主張を妨げられないことになりました。

**消費者の意思の確認を求める措置**

しかしながら、消費者に錯誤があれば常に無効となりますと、事業者の保護に欠け、かえって、インターネット取引の拡大を阻害することにもなりかねません。

そこで、電子消費者契約法３条但書は、事業者が、消費者の意思の有無を、映像面を介して、確認を求める措置を講じた場合は同法３条の適用はないとしています。

事業者は、映像面を介して、操作ミスを防止するため、画面上に、再確認ボタンなどを設置し、消費者が申し込む際、申込内容を確認・訂正できる措置をとる必要があるのです。

（依田修一）

# ⑧電子記録債権法について

## 電子記録債権法の成立

電子記録債権法という法律が平成19年6月20日に成立し、平成20年12月1日から施行されています。

それまでの指名債権や手形債権とは別の新しい債権が創設されたと評されます。

## 電子記録債権とは何か？

電子記録債権とは、金銭債権情報を、この法律に基づき指定される「電子債権記録機関」の保有する記録原簿（磁気ディスク）に記録することによってのみ、その発生や譲渡がなされる金銭債権のことを言います。電子記録債権の譲渡は、譲渡記録をしなければ効力は生じません。また、そもそも、記録されなければ電子記録債権として発生さえしないのです。記録原簿の記録により、権利の内容が規定されることになります。

## 電子記録債権法の背景

電子記録債権法の成立によって、事業者の資金調達の円滑化を図ることができるようになりました。

例えば、この法律ができる前は、事業者が金銭債権を活用して資金調達をする場合、どのようにしていたかというと、取引先から手形を振り出してもらって第三者に譲渡する方法や、取引先に対する売掛債権等の指名債権を第三者に譲渡する方法などがありました。

しかし、実際には、手形の利用は、急速に減少してきていたのであって、例えば、事業者の手形残高は、平成2年に72兆円ほどだったものが平成17年には31兆円ほどと半減と言ってよいくらい減少していたのです。

これらの要因は、電子的な取引が盛んになったこともありましたが、手形という紙媒体に内在するリスク、例えば、手形の保管コストや紛失・盗難のリスクという問題があることも大きかったわけです。

そこで、売掛債権など指名債権を譲渡する方法となったわけです。

事業者が平成17年に保有している売掛債権は201兆円にものぼると言われており、資金調達の必要性は大きいものがありました。他方、売掛債権など指名債権の譲渡となると、そもそも譲渡の対象となる債権が存在するか否か、とか、他の第三者に二重譲渡されたりしていないか、譲渡人に対する人的抗弁が譲受人に対して主張されるのではないか、など、チェックや確認をするのに手間とコストがかかるので、流動性に乏しく、早期資金化が困難と言われてもいました。そこで、電子記録債権ということになったのです。

### 電子記録債権法のしくみ

電子記録債権は取引の安全を確保するための仕組みが定められています。例えば、権利者として記録原簿に記録されている者が無権利者であっても、そのことを知らずに電子記録債権を譲り受けた者や、支払いをしてしまった者を保護する仕組み（善意取得・支払免責）です。また、債務者が、原則として、電子記録債権を譲り受けた者に対し、記録原簿に記録されていない事由を理由に支払いを拒むことができない仕組み（人的抗弁の切断）も規定されているのです。

（依田修一）

# 個人情報保護関係

## ⑨個人情報の流出により会社はどのような責任を負うか?

A「困ったことになった。私の会社の保有管理する個人情報が流出してしまった」

B「社員の誰かが不正に持ち出したのかい」

A「そうではない。わが社はインターネット上にホームページを開設しているが、そこから顧客の個人情報にアクセスできる状況になっていたので、何者かが流出させたということなんだ」

B「個人情報がホームページからアクセスできるなんて困ったものだ」

A「わが社のホームページ上では、サービス内容の紹介や宣伝を掲載するだけでなく、閲覧した人にアンケートを回答してもらって、懸賞があたるキャンペーンをやっていたんだ。ホームページ上の所定の登録フォームに、氏名・住所・電話番号・メールアドレス・職業・年齢・性別などを入力して送信してもらっていたので、そうした個人情報が集まっていた。ただ、いつもは、第三者のアクセスを拒否するよう設定されていたんだよ」

B「それなら、どうして今回のような流出事故が起きたのかい?」

A「委託先の外部業者の手落ちだよ。わが社はホームページの制作・保守について専門技術的知識を有する外部業者に委託しているけれど、アクセス数の増加で容量不足となったため、専用サーバーへ移設作業を外部業者に行わせたんだ。その移設作業の際、外部業者は、一般のインターネット利用者のアクセス可能な公開領域に置いたままアクセス制限設定を講じなかったらしい。そこを何者かがアクセスしたうえ、広くインターネット上に流出させた」

B「名誉侵害なら謝罪広告などで回復も可能だけれども、個人情報などプライバシーの場合は、いったん侵害されてしまうと回復は難しいからやっかいだ」

A「専門家である外部業者が責任を負うのは当然だが、わが社は十分な専門知識がないからこそ外部委託したのであって外部業者を指揮・監督するのはおよそ不可能なんだから、わが社が責任を負うのは納得できないよ」

B「しかし、ホームページの具体的な内容を決定したり、更新や修正についてセキュリティ等を含め動作確認をしたり、随時運用報告を受け、不具合には原因・対応を協議したのであれば、君の会社が実質的に業者を指揮・監督していたと評価されるし、民法715条の使用者責任を負わざるを得ないだろう」

A「いくらくらいの賠償額を負わねばならないだろうか」

B「美容サービスの関係で、氏名・電話番号などの個人識別情報に加えて、関心を有する美容コースや希望する身体状況などの個人情報が流出した事案で、1人当たり3万5000円を支払うよう命じた判決がある（東京高等裁判所平成19年8月28日判決)。3万5000円のうち5000円は弁護士費用として認められた」

A「大勢の被害者に訴えられれば会社が負うべき損害賠償額も多額となるわけだね」

（依田修一）

Name
Tel
Job
個人情報
流出！
OKYO3

# 会社法

## ⑩M＆Aと役員の責任について

A「上司の取締役からM＆Aにおいて責任を問われることがあるのか聞かれたのだけど、どうかな」

B「あるか、ないか、と聞かれたら、あると答えざるを得ないだろうね。取締役と会社との関係が会社法でどのように規定されているか知っているかい」

A「善管注意義務とか忠実義務という言葉は聞いたことがある」

B「そうだね。会社法330条で『株式会社と役員及び会計監査人との関係は委任に関する規定に従う』と明記されており、民法の『委任』のとおり、善良な管理者の注意をもってその職務を行う義務があるんだ」

A「善良な管理者の注意というのはどういうことだい」

B「会社の取締役として、その職務を行うのに通常必要な程度の注意とされている。実際には、会社の規模や事業内容、職務内容などによって判断されることになるね」

A「それでは、忠実義務とはなんだい」

B「会社法355条で『取締役は、法令及び定款並びに株主総会の決議を遵守し、株式会社のため忠実にその職務を行わなければならない』と忠実義務が明記されている。裁判例では、忠実義務とは善管注意義務を敷衍（ふえん）し、一層明確に定めたものだと述べたものがある」

A「つまり、M&Aにおいても、取締役が善管注意義務や忠実義務に違反したか否かが責任発生の分かれ目になるわけだね」

B「『経営判断の原則』という言葉をきいたことがあるだろう。ある裁判例では、経営に関する判断は不確実かつ流動的で複雑多様な諸要素を対象とした総合的判断であるから、その裁量の幅は広いものとなり、結果的に会社に損失をもたらしてもそれだけで取締役が必要な注意を怠ったと断定することはできないと述べられている」

A「それでは、取締役の裁量違反となるのはどのような場合なのだろうか」

B「取締役の経営判断において、その前提となった事実認識に不注意な誤りがあり、又は意思決定の過程が著しく不合理であったと認められる場合には、その経営判断は許容される裁量の範囲を逸脱したものとなり、善管注意義務又は忠実義務に違反するとした裁判例がある」

A「買収の場合、買収判断の前提となった事実認識に不注意な誤りがあった場合というわけか」

B「ケースにもよるけれども買収の必要性がなかったと明らかに認められる場合はあまりないかもしれないね。買収判断の前提となった事実認識についていえば、最近は買収対象会社の財務等の調査、デューデリは一般的になっているから、弁護士・会計士などへの相談なども含めて、適正な手続をとっているかが問われることになるだろう。

なお、M&Aにあたってインサイダー取引など役員が個人的な利益を図った場合は、経営判断の原則の広い裁量とは関係なく、責任を問われることは当然だから注意してよ」

（依田修一）

## ⑪買収防衛策見直しの動き

Q　**最近、企業の買収防衛策を廃止する動きが相次いでいるとのニュースを目にします。そもそも、企業が導入していた買収防衛策とはどのようなものなのでしょうか。**

A　平成17年のライブドアによるニッポン放送の敵対的買収が注目を集めた後、企業は、敵対的買収に対する防衛手段として、いわゆる「事前警告型ライツプラン」を導入する企業が相次ぎました。事前警告型ライツプランとは、事前に定めたルールに従って買収者に買収目的や事業計画などの情報提供を求め、買収者がそのルールに従わない場合には、買収者以外の株主に新株予約権を発行して買収を阻止することができ、ルールに従った場合には、株主の判断により買収者側の提案を受け入れるか否かを決めるという自主的なルールです。

Q　**なぜ、買収防衛策を廃止する動きがみられるのでしょうか。**

A　**金融商品取引法による規制**

平成19年に施行された金融商品取引法は、取得後に３分の１を超える株主となる場合等には、公開買付の方法によらなければならないとし、買付の目的、価格、予定株数、期間の公告を義務付け、対象会社に買付者に対する質問権を与えています。また、対象会社が、対抗提案等を検討する時間を確保するために、買付期間の延長を請求することも認められました。これにより、対象会社が自主的なルールを備えていなくても一定の検討期間と情報提供を確保できるようになりました。

### ブルドックソース事件最高裁判決

この事件では、事前警告型ライツプランを導入していなかったブルドックソースが、買収者の公開買付開始後に、株主総会決議によって、買収者の持株比率を低下させるために買収者以外の株主に新株予約権を割り当てることが認められるかが争われました。最高裁判決は、株主総会で決議されたことを重視して、新株予約権の割り当てを認めましたが、「事前の定めがされていないからと言って、そのことだけで、経営支配権の取得を目的とする買収が開始された時点において対応策を講ずることが許容されないものではない」と述べています。事前に防衛策を定めておく必要は必ずしもないとされたのです。

### 株価低迷の打開

日本の企業が導入した買収防衛策は、経営陣が自己の保身を図るための手段として利用されかねないとの投資家からの批判も大きかったことは事実です。今回の廃止の動きは、リーマンショックに端を発する株価低迷から抜け出すための、投資家に対するアピールという面も大きいと思われます。

（柳澤　泰）

## ⑫三角合併について

### 三角合併とは

三角合併が平成19年5月に解禁されました。平成18年5月から新しい会社法が施行されましたが、三角合併は1年近く解禁されなかったのです。

三角合併とは、吸収合併のひとつで、消滅会社の株主に対する合併対価として、存続会社の株式ではなく、親会社の株式を交付する合併形態のことをいいます。新会社法は合併対価を柔軟にしたのです。

1年近く三角合併が解禁されなかったのは次のような理由でした。この三角合併により、外国企業が日本に子会社をつくって、日本企業と合併させ、対価として日本企業の株主に外国企業の自社株を交付することで、合併できるようになり、外資による敵対的買収が増加することが心配され、準備期間を設けたのです。

### 三角合併のメリット

外国企業が自社株を交付することで合併できるということは、外国企業にとって、とても大きなメリットです。外国企業は合併の対価として現金を準備しなければならない場合、新たに借り入れを起こす必要があったり、為替相場の影響を受けたりしたわけですが、自社株を交付することでよいならばそのような心配も必要ありません。時価総額の大きな会社を買収することも容易となるのです。

### 決議要件

合併するときには株主総会の特別決議が必要のため、普通決議より厳しい要件があるのだからそれほど心配はいらないのではないかという考えもありました。

株主総会の特別決議というのは、その株主総会において議決権を行使することができる株主の議決権の過半数を有する株主が出席し（但し、定款で３分の１以上の割合と定めることもできる）、出席したその株主の議決権の３分の２以上に当たる多数をもって行なわなければならない決議のことです。

しかし、国内からは、三角合併の場合、「特別決議」では足らず、より厳しい「特殊決議」を求める声が強かったのです。「特殊決議」とは、議決権を行使できる株主の半数以上であって、当該株主の議決権の３分の２以上に当たる多数をもって行なわなければならない決議のことです。

結局どうなったかと申しますと、海外からの批判も強かったのか、「特殊決議」は導入されず「特別決議」となりました。

### 株主の保護

買収される側の株主の保護策として、一番の対策は、買収されにくい会社になることだといえます。企業価値を高め、時価総額を高くするため、日本国内の同業者が合併することもひとつの手段だといえましょう。経済社会のグローバル化が企業再編をもたらしたわけです。

（依田修一）

## ⑬会社分割と不採算部門の切り離し

バブル経済崩壊後の構造的な不況が続き、大多数の会社の体力は弱体化しています。もはや、不採算部門を温存しながら環境の好転を待つといったのんびりしたことを言ってはいられません。多くの企業は、生き残りをかけて、従来の枠組みを超えた新たな企業結合や効率的な組織再編を模索しています。そのような中で、平成12年旧商法改正により導入され、会社法にも基本的な部分が引き継がれた「会社分割」制度は、事業の統合・分離、分社化、純粋持株会社の創設など、組織再編の効率的な手段として多くの企業により利用されています。

**会社分割とは**

会社分割とは、会社の営業の全部または一部を他の会社に包括的に承継させる手続です（ここでいう「営業」とは、物や権利などの営業用財産だけでなく、得意先やノウハウ、経営組織そのものなどを含めた一定の営業目的のために組織化され、有機的一体として機能する財産のことをいいます)。会社分割の類型には、新しく設立される会社に営業を承継させる新設分割と、既存の他の会社に承継させる吸収分割があります。また、会社分割により営業を承継する会社が発行する株式について、分割をする会社自身が取得する物的分割と分割をする会社の株主が取得する人的分割とがあります。物的分割の場合には、営業を承継させる会社と承継する会社は親子会社の関係となり、人的分割の場合には兄弟会社となります。

会社法では、旧商法下での人的分割を、いったん分割をする会社が対価を取得し、その株主には剰余金として配当されるという構成としたため、会社分割は物的分割を意味するものとなりました。

### 会社分割のメリット

平成12年旧商法改正前にも、現物出資による新会社設立・新株発行や営業譲渡などにより、「会社分割」と同様の効果を実現することは可能でしたが、手続が面倒で時間がかかるなどの問題があり、企業再編の手段としてはさほど活用はされていませんでした。会社分割手続によれば、個別の債権者の承諾を得なくとも、株主総会での特別決議（総株主の議決権の過半数を有する株主が出席しその議決権の３分の２以上の多数を得ること）や一定の債権者保護手続などを経ることによって、対価の授受なくして特定事業部門の営業を他の会社に丸ごと移すことができます。

### 不採算部門の切り離し

業績の悪化している会社としては、会社分割の手続を用いて、不採算部門を切り離してしまいたいところです。しかし、債務超過の事業部門のみを承継させる会社分割は、会社の資本充実の観点からの問題も生じます。もっとも、帳簿上債務超過であっても、時価への評価替えなどによって債務履行の見込みが認められる場合には、会社分割も認められると考えられています。

不採算部門整理のための会社分割の場合には、あらかじめ主要な債権者から債権放棄を受けたり、資産の評価替えを行うなどの債務超過を解消するスキームが必要になると考えられます。

（柳澤　泰）

## ⑭株券の電子化について

Q　**先日、友人から「株券が電子化されるからあなたの持っている株券も無効になるかもしれないよ」と言われたのですが、『株券の電子化』とは何ですか？**

A　「株券の電子化」とは、上場会社を対象に、その株式等に係る株券をすべて廃止し、これまで株券の存在を前提に行われてきた株主権の管理を証券会社等金融機関の帳簿上で電子的に行うことを言います。これは「社債、株式等の振替に関する法律」に基づき、株券の管理や取引をより効率的かつ安全なものにすることを目的に新しく作られた制度で、平成21年1月5日をもって上場会社の株式は一斉かつ一律に電子化（ペーパーレス化）されました。

Q　**株券が電子化されると私が現在持っている株券はどうなるのでしょうか？**

A　手持ちの株券はすべて無価値になり、これに代わって証券会社等が管理する帳簿上の記録が株主たる権利を表すものとなります。つまり、現在では株式の譲渡等は株券の交付によって行われていますが、株券電子化後においては株券は単なる紙切れとなりますから、株券を交付しても有効な譲渡等とは認められなくなるのです。

Q　**株券電子化を受けて、何か手続をしておく必要はありますか？**

A　まずはあなたが持っている株券があなた本人の名義になっているかどうかを確認してください。名義書換の手続がなされていない場合には、電子化実施後において株券発行会社が開設する「特別口座」の株主とは扱われませんので注意が必要です。

Q　**私本人の名義になっているようですが、どうしたらいいのでしょうか？**

A　証券会社を通じて「証券保管振替機構（ほふり）」に株券を預けている場合には、何ら手続をする必要はありません。他方、ほふりに株券を預けていない場合でも、株券電子化実施時に株券発行会社が株主名簿に基づいて自動的に開設する「特別口座」にあなたの名義が記録され株主としての権利は保全されますので手続は不要です。但し、「特別口座」は株式を売買するための取引口座ではありませんので、ほふりを利用している場合とは異なって、売買等の際には予め証券会社の取引用口座に残高を移しておく必要があり、そのような手続との関係ですぐには株式を売却できない可能性があります。

Q　**あ！こちらの株券は亡くなった父の名義のままになっています。他人名義の場合はどのような手続が必要ですか？**

A　「特別口座」は株券の名義人の名で作成されるため、株券の名義人ではないあなたは株主としての権利を失ってしまいます。大至急、特別口座の名義を本人名義に回復する手続をしなければなりません。なお、あなたの場合は株券上の名義人たるお父様が亡くなっているので、相続したことを証明する書面をもって特別口座を開設する信託銀行等に手続の相談をして下さい。

（永　滋康）

父親
名義
わし？
あ！
株券
電子化
OKYO3

# ⑮委員会等設置会社
## ～株式会社制度における米国型機関制度の導入～

**委員会設置会社**

委員会設置会社は、平成14年の旧商法改正により新しく導入され、現在の会社法においても承継されている制度です。取締役会と会計監査人を置く会社は、定款の定めにより委員会設置会社となることを選択することができます。

この制度は、取締役会、代表取締役、監査役からなる従来の株式会社の機関とは抜本的に異なる制度であり、アメリカにおける会社の機関制度を日本においても取り入れようとしたものです。

**委員会の設置**

委員会等置会社においては、従来の監査役は存在しません。その代わり、3人以上の取締役から構成される委員会が設置されます。委員会には、株主総会に提出する取締役の選任・解任に関する議案内容を決定する指名委員会、取締役及び執行役の職務執行を監査し、株主総会に提出する会計監査人の選任・解任に関する議案内容を決定する監査委員会、取締役及び執行役が受ける報酬金額を決定する報酬委員会があます。

各委員会の取締役の過半数は社外取締役でなければならないとされています。

**執行役及び代表執行役**

また、委員会設置会社においては、取締役会により選任される執行役が、取締役会から委任を受けた事項を決定し、業務執行を行うこととされています。従来型の機関構成の場合は、業務執行の意思決定は取締役会が行い、業務執行自体は代表取締役が行うこととされていますが、委員会設置会社では、経営の基本方針や執行役の職務の分担、指揮命令関係などの基本的な事項以外の決定を、執行役に委任することが出来ます。

これまでも、代表取締役以外の取締役に「業務担当取締役」として業務の執行権を与えることは可能でしたが、委員会設置会社においては、取締役が業務執行をすることはできず、業務執行については全面的に執行役に委ねられることになります。

**委員会設置会社のねらい**

委員会設置会社では、委員会の強力な監督機能を認め、社外取締役を義務化することにより、形骸化しがちな株式会社の監査・監督機能に実効性をもたせようとしています。また、これまで取締役会が行うとされていた業務執行の決定を大幅に執行役に委ねることが可能となります。これは、業務執行の決定を一層迅速に行いうることをねらいとしたものです。

低迷する日本経済の中で、委員会設置会社制度の導入により、株式会社の機動的で適正な活動が期待されます。

（柳澤　泰）

## ⑯株主代表訴訟における会社の被告取締役側への補助参加

平成13年12月の旧商法改正により、株式会社が監査役の同意を得て取締役側を補助するために株主代表訴訟に参加することが認められました。

経済界は、株主代表訴訟に関し、取締役の賠償責任への上限設定や会社の取締役側への補助参加を要望しており、当時の改正はその要望を実現したものです。

### 理論上の問題点

株主代表訴訟は、株主が会社に代わって取締役の会社に対する責任を追及する訴訟です。また、補助参加とは、他人間の訴訟に、どちらか一方を勝訴させるために参加することをいい、この参加が認められるためには、一方を勝訴させることにより自己の利益を守ることができるという関係(訴訟の結果についての利害関係)の存在することが必要です。

単純に考えれば取締役は会社に対し、損害を賠償する立場にあるのですから、会社が取締役側について勝訴させたとしても会社の利益を図ることはできず、補助参加は認められないかにも思われます。実際、下級審の判例では、会社の取締役側への補助参加を否定したものもありました（名古屋高決平成12年4月4日)。

### 参加を認める必要性

しかし、株主代表訴訟については、

①取締役が多大の時間と労力を奪われ会社経営に支障をきたすこと

②取締役の行為が違法と判断されれば、会社が立入り検査や業務停止などの行政処分を受ける他、それに基づき積み重ねられてきた会社の地位が覆され、会社の営業活動に大きな影響を及ぼすこと

③取締役の敗訴により企業イメージが傷つけられること

などを理由に会社の取締役側への補助参加を認めるべきであるとの強い要望もありました。

平成13年1月30日の最高裁決定は、取締役が敗訴した場合には、取締役会の意思決定を前提として形成された会社の私法上又は公法上の法的地位又は法的利益に影響を及ぼすおそれがあるとして会社の取締役側への補助参加を認めています。

**会社法の下での補助参加**

旧商法のもとでは、会社が被告取締役側に補助参加するには、会社が訴訟の結果に法律上の利害関係を有することが必要であるとされ、どのような場合に利害関係が認められるのかをめぐり争いが存在したりもしました。

現在の会社法は、監査役（または監査委員）全員の同意を要件として、法律上の利害関係を有するか否かにかかわらず、会社による被告取締役側への補助参加を認めています。これにより、会社の補助参加がより広く認められるようになったといえます。

（柳澤　泰）

## ⑰中小企業における経営の承継の円滑化に関する法律

「中小企業における経営の承継の円滑化に関する法律」が平成20年10月1日から施行されました。

我が国においては、中小企業は全企業の9割を占め、その雇用者数は全企業の7割に該当し、正に日本経済の基盤であるところ、近年経営者の高齢化が進んできており、今後10年ほどの間に大規模な世代交代が避け難い状況にあります。

しかし、中小企業においては所有と経営が一致しているのが通常であることから、経営者の相続に伴って様々な問題が発生し、事業の承継を円滑に行うことが困難であるという現状がありました。

そこで、中小企業の継続・発展を通じて地域経済の活力を維持し、日本経済の基盤である中小企業の雇用を確保すべく本法が作られたのです。本法には以下の3つの柱があります。

**遺留分に関する民法の特例**

後継者が安定的に経営を行うためには先代が保有する自社株式等を円滑に承継することが重要であるところ、自社株式等の全部の承継は後継者以外の相続人の遺留分を制約することになります。

そこで、本法は、遺留分減殺請求による自社株式等の分散を防止すべく、一定の要件を満たす中小企業の後継者が、先代の遺留分権利者全員と合意を行い、経済産業大臣の確認及び家庭裁判所の許可を経ることを前提に、

①後継者が先代からの贈与等により取得した株式等について、遺留分を算定するための財産の価額に算入しない

②後継者が先代からの贈与等により取得した株式等について、

遺留分を算定するための財産の価額に算入すべき価額を合意のときにおける価額とする

という遺留分に関する民法の特例の適用を受けることを認めました。

### 金融支援

中小企業の場合、経営者個人の与信に依存している場合が多く、経営者の交代により信用状態が低下し、資金繰りが悪化するおそれがあります。

そこで、本法は、中小企業の経営の承継により、事業活動の継続に支障が生じている場合、その後継者が経済産業大臣の認定を前提に、

①当該中小企業者の資金借入れに関し、中小企業信用保険法に規定する普通保険等を別枠化する

②当該中小企業者の代表者個人に対して㈱日本政策金融公庫等が必要な資金を貸し付けることを可能にする

という支援措置を受け得る旨定めました。

### 相続税の課税についての措置

企業の株式が非上場の場合、その株式を売却して相続税の支払いに充てることは事実上難しく、結果、相続税が払えないがために相続放棄をして廃業せざるを得ない場合があります。

これに対する施策としては、平成21年度税制改正により、非上場中小企業の株式等につき、相続または遺贈により取得した後継者について、当該株式等の課税価格の80％に対応する相続税の納税を猶予する旨定められました。

（永　滋康）

# 金　融

## ⑱金融商品取引法の改正で何が変わる？

A「平成 20 年に金融商品取引法が一部改正されたって？」

B「わが国金融・資本市場の競争力の強化を図る目的だ」

A「何が変わるのかな」

B「まず、多様な資産運用・調達機会の提供を可能とすることが重要だ。だから、参加者をプロ投資家に限定した自由度の高いプロ向け市場を開設できるようにしたんだ」

A「自由度が高いとはどういうことだい」

B「従来型の公衆縦覧型の開示規制を免除するんだ。一方、取引所ルールによって、簡素な情報提供の枠組みを設けることとした。また、プロ向け銘柄が一般投資者へ転売されることを防止するため譲渡が制限される」

A「プロ投資家は情報の収集・分析能力やリスク管理能力を備えているということか」

B「そうだ。他方、プロ向け市場における規制の実効性を確保するため、提供された情報に虚偽等があった場合に
①民事上の損害賠償制度
②課徴金制度
③罰則が規定されている」

A「多様な資産運用・調達機会提供のための改正ポイントはほかにもあるかい」

B「ＥＴＦ（上場投資信託）の多様化だよ。ＥＴＦは少額の資金で分散投資を実現することができ、上場でタイムリーな取引を機動的にできるメリットがあるが、投資信託・投資法人法の平成20年改正で商品現物と交換可能な投資信託などが導入された」

A「多様で質の高い金融サービスも求められるのでは？」

B「そうだ。そのため、証券会社・銀行・保険会社間の企業グループにおける利益相反から生ずる弊害の防止措置（ファイアーウォール規制）について、役職員の兼職を禁止するという形式的制限は撤廃し、利益相反管理体制の整備を義務づけることにしたんだ」

A「公正・透明で信頼性のある市場を構築するための改正点には何があるのか」

B「課徴金制度の拡充だ。まず、現行の課徴金の金額水準が引き上げられた。また、課徴金の対象範囲も拡大され、①発行開示書類・継続開示書類の不提出②公開買付届出書・大量保有報告書等の不提出・虚偽記載等③仮装・馴合い売買、違法な安定操作取引が追加された」

A「課徴金が違反行為の抑止に役立っているという評価のあらわれだね」

B「課徴金の加算・減算制度も導入された。違反者が過去５年以内に課徴金納付命令等を受けたことがある場合には課徴金の額を1.5倍とする（加算）とか、一定の行為類型において違反者が当局による調査前に申告を行った場合には課徴金の額を半額とする（減算）制度だ。除斥期間が３年から５年に延長されたことも知っておいたほうがいいよ」

（依田修一）

## ⑲改正金融商品取引法で格付け会社の役割はどう変わるか

A「『金融商品取引法等の一部を改正する法律』が平成21年6月24日に公布されて、格付業者に対し公的規制を導入したと聞いたよ」

B「そうなんだ。その背景に、米国のサブプライム・ローン問題に端を発する世界的な金融危機があることはきみも知っているだろう」

A「格付会社は、サブプライム・ローン関連商品に高格付を付与し、ローンの増大を助長したが、のちに急激な大幅格下げという事態となったからね」

B「金融システムの安定と強化のため各国政府や中央銀行は国際的な連携のもとで対策を講じており、平成20年11月や21年4月の金融サミットでも、格付会社に対する規制・監督の必要性が合意された」

A「公的規制の中身は？」

B「まず、格付業者に対し『登録制』を導入した」

A「『登録制』というのは登録しないと格付業はできないということかい？」

B「そうではないんだ。一定の要件を満たす場合には内閣総理大臣の登録を受けることが『できる』という意味での『登録制』を導入したものであって、無登録業者による格付そのものが禁止されるわけではない。この内閣総理大臣の登録を受けた者を『信用格付業者』と定義した」

A「登録業者は信用性が高いと一般的にいえるということか」

B「そうだ。『信用格付業を公正かつ的確に遂行するための必要な体制が整備されていると認められない』とか『他に行っている事業が公益に反すると認められる』法人は、そもそも『登録』を受けることができないからね」

A「登録後の規制は？」

B「①独立した立場で、公正かつ誠実に業務を遂行する『誠実義務』

②格付プロセスの品質管理・公正性確保、利益相反防止の『体制整備』

③格付対象商品の発行者等と一定の密接な関係を有している場合の格付提供の禁止や同発行者に対して格付に重要な影響を及ぼす事項の助言を行った場合の格付提供の禁止など『禁止行為』

④格付方針等の公表、説明書類の公衆縦覧など『情報開示』

が求められる」

A「登録の有無はわかるかい？」

B「内閣総理大臣は、信用格付業者登録簿を公衆の縦覧に供しなければならないことになった。また、無登録業者の格付を金融商品取引業者が契約締結勧誘などにおいて利用する場合には、登録を受けていないこと等を説明することが義務づけられた。格付は、信用リスク評価の参考として広範に利用され、投資者の投資判断に大きな影響を与えている。今回の公的規制導入は、今後も資本市場において重要な役割を果たし投資者保護をはかるためといえる」

（依田修一）

## ⑳「犯罪収益移転防止法」について

**Q　「犯罪収益移転防止法」が平成20年3月1日より施行されたと聞きましたが、これはどのような法律なのでしょうか？**

A　「犯罪収益移転防止法」（正式には「犯罪による収益の移転防止に関する法律」といいます）は、犯罪組織によるマネーロンダリング（資金洗浄）の防止やテロ資金対策のため、本人確認や記録の作成・保存、疑わしい取引についての届出などを特定事業者に対して義務付ける法律をいい、国民生活の安全と平穏を維持し、経済活動の健全な発展に資するべく制定されました。

**Q　本法において対象とされている「特定事業者」とはどのような業種のことを指すのでしょうか？**

A　本人確認等の義務については本人確認法や組織犯罪処罰法により従来から金融機関等については規定されていましたが、今回、本法の成立により、ファイナンスリース業者や、クレジットカード業者、宅地建物取引業者、貴金属等取扱業者、弁護士、司法書士、行政書士、公認会計士、税理士等についてもその範囲が拡大されました（なお、本法成立に伴い、本人確認法は廃止され、組織犯罪処罰法第5章は削除されます）。

**Q　「特定事業者」に該当する場合、どのような義務を負うのでしょうか？**

A　特定事業者に対しては、①本人確認②本人確認記録の作成・保存③取引記録等の作成・保存④疑わしい取引の届出の4つの義務が課せられることになります。

なお、特定事業者が行う業務のすべてが上記義務の対象になるわけではなく、特定事業者が上記義務を負うのはその業務のうち法令にて定められている「特定業務」及び「特定取引」に関するものに限られます。

例えば、宅地建物取引業者であれば、宅地建物の売買又はその代理若しくは媒介に係る業務が義務の対象たる「特定業務」であって、宅地建物の賃貸に係る業務は「特定業務」には該当しません。

また、例えば、宝石・貴金属等取扱事業者であれば、特定業務である宝石・貴金属等の売買業務のうち、「特定取引」にあたり本人確認の義務が生ずるのは、代金の支払いが現金200万円を超える宝石・貴金属等の売買契約を締結する場合のみとされます。

Q **特定事業者が負う４つの義務の内容について簡単に教えて下さい。**

A まず、特定事業者は、顧客と「特定取引」を行う際には、顧客の本人特定事項を確認しなければなりません（①本人確認）。これは仮名取引やなりすましによる取引を防止するためです。

次に、特定事業者は、本人確認を行った場合、直ちに本人確認記録を作成し、７年間保存しなければなりません（②本人確認記録の作成・保存）。

そして、特定事業者は、「特定業務」に係る取引を行った等の場合には、直ちにその取引等に関する記録を作成し、７年間保存しなければなりません（③取引記録等の作成・保存）。

最後に、特定事業者は、特定業務において収受した財産が犯罪による収益である疑いがある場合、及び、犯罪により生じた財産の隠匿である疑い等がある場合においては、監督官庁に対し届出をしなければなりません（④疑わしい取引の届出）。

なお、④について、弁護士、司法書士、行政書士、公認会計士、税理士の「士業」については義務者から除かれています。

（永　滋康）

# 経済法

## ㉑改正独占禁止法の課題と問題点

A独占禁止法が改正されたそうですね。

Bはい。改正法は平成21年6月3日に成立し、同月10日に公布され、平成22年1月1日に施行されました。主な改正点としては、

①課徴金制度の見直し

②不当な取引制限等の罪に対する懲役刑の上限の引き上げ

③企業結合規制の見直し

が挙げられます。

A内容を説明してください。

B課徴金制度の適用範囲が拡充されました。新たに排除型私的独占や、不当廉売等の不公正な取引方法も適用対象となりました。

Aそれは大きいですね。ちなみに、カルテル等を主導した事業者には課徴金が増やされると聞きましたが。

B 1.5倍に加重されます。ただ、主導したかの判断は簡単ではないと思われます。

A厳しくなるばかりですね。

Bそうともいえませんよ。カルテルや談合といった不当な取引制限の違反事実を公正取引委員会に対し申告した一定の事業者に対し課徴金を減免する制度（課徴金減免制度）の適用範囲も拡

大されています。企業グループによる共同申請が可能となり、減免申請者数の上限も拡大されました。

A懲役刑の上限の引き上げについても気になります。

B新法では、懲役刑の上限が3年から5年に引き上げられました。刑法では、懲役刑につき執行猶予を付すことができるのは3年以下の懲役の言い渡しを受けたときとされていますので、上限が5年に引き上げられたことにより、独禁法違反行為に対し実刑判決が下される可能性が従前よりも高まるものと思われます。

A「企業結合規制の見直し」というのはどういうことでしょうか。

B会社の株式取得についても、合併等他の企業結合と同様に事前届出制が導入されました。また、いわゆる叔父・甥会社間の合併等同一企業グループ内の企業再編について届出を免除するなど届出基準についても見直されました。M&Aのスケジュールに大きな影響を及ぼすことが予想されます。

Aところで、平成21年の3月に、公正取引委員会から、企業におけるコンプライアンス体制の整備状況に関する調査結果が公表されていますね。

Bはい。平成18年1月に実施された東証一部上場企業に対する調査の追跡調査です。様々な角度から調査報告がなされていますが、平成18年の調査と比べて、独禁法等違反に対する危機意識を持つ企業が大幅に増えています。また、こうした危機意識を持っている企業ほど独禁法等関係のコンプライアンス体制の整備が進んでいるとの報告がなされています。調査結果を参考にしながら、自社のコンプライアンス体制を見直してみることが重要でしょう。

（内橋　徹）

## ㉒入札談合等関与行為防止法の改正

Q　**改正入札談合等関与行為防止法が、平成19年3月14日から施行されたそうですが、改正の話に入る前に、入札談合等関与行為防止法がどのような内容を定めた法律なのかを教えて下さい。**

A　同法は、いわゆる官製談合事件を防止すること等を目的として、行政上の措置、発注機関による職員への損害賠償請求、発注機関による職員に係る懲戒事由の調査等を定めていました。

Q　**「行政上の措置」とは、具体的にどのような措置をいうのですか？**

A　発注機関の職員が、入札談合等関与行為を行ったと認められる場合、公正取引委員会は発注機関の長に対し改善措置を要求し、発注機関は必要な調査を行ったうえ、入札談合等関与行為を排除するための改善措置を講じなければならないというものです。

Q　**なぜ、入札談合等関与行為防止法が改正されることになったのでしょうか？**

A　平成15年に同法が施行された後も、官製談合事件が後を絶たなかったためです。法施行後も、公正取引委員会が改善措置の要求を行った事件や、刑法の談合罪等で発注機関側が摘発される事件が起きるなど、官製談合事件が多くみられる状況が続きました。そこで、官製談合事件の防止を徹底するためには、発注機関の職員に対して刑罰を科すこと等が必要であると考えられたのです。

**Q　それでは、改正のポイントを教えて下さい。**

A　従前の改善措置要求等の制度に加え、①発注機関職員に対する刑罰規定が創設され、②入札談合等関与行為の範囲が拡大されたほか、③損害賠償及び懲戒事由の調査結果の公表が義務付けられることになりました。

**Q　それぞれの内容を簡単に説明してもらえますか？**

A　まず、①発注機関職員が、入札等により行う契約の締結に関し、その職務に反し、事業者その他の者に談合を唆《そそのか》すこと、予定価格その他の入札に関する秘密を教示すること又はその他の方法により、当該入札等の公正を害すべき行為を行なった場合、5年以下の懲役又は250万円以下の罰金に処されることになりました。

次に、②入札談合等関与行為の範囲が拡大され、特定の入札談合等を容易にする目的で、これを幇助《ほうじょ》する行為が追加されました。

例えば、各省庁や地方公共団体の職員OBからの依頼を受けて、入札談合を容易にする目的で、特定の業者を指名業者に加える行為等がこれにあたるとされています。

さらに、③各省各庁の長等は、入札談合等関与行為による国等の損害の有無についての調査、入札談合等関与行為を行なった職員の賠償責任の有無等の調査及び入札談合等関与行為を行った職員に係る懲戒事由の調査について、それぞれの調査結果を公表すべき義務を負うことになりました。

（内橋　徹）

## ㉓ソフトウェアのライセンス契約と独占禁止法

**「著作権と独占禁止法（独禁法）はどちらが優先するの？」**

パソコンのソフトウェアを利用する際に締結されるライセンス契約では、ソフトのコピー、改変などが禁止されているのが一般です。独禁法は、相手方の事業活動を不当に拘束する条件をつけた取引などを「不公正な取引方法」として禁止していますが、ライセンス契約中に様々な制約を設けることは、この「不公正な取引方法」にあたらないのでしょうか。パソコン用のプログラムも著作物にあたるため、著作権者であるソフトメーカー以外の者がソフトを複製、改変することは、そもそも著作権侵害にあたり認められません。したがって、著作権者であるソフトメーカーがソフトのコピー、改変を禁じることは、著作権を行使しているに他ならず、独禁法も知的財産権に基づく権利行使と認められる行為にはこれを適用しない（21条）と明確に規定しています。

**「例外はないの？」**

しかし、知的財産権に基づく権利行使に対して全く独禁法の適用がないとすれば、知的財産権に名を借りた脱法的な行為までもが適法ということになってしまいます。平成13年8月1日の公正取引委員会の㈱ソニー・コンピュータエンタテイメントに対する審決においても、「著作権法等による権利の行使と認められるような行為であっても、競争秩序に与える影響を勘案した上で、知的財産権保護の趣旨を逸脱し、又は同制度の目的に反すると認められる場合」には、独禁法21条の適用はないと判断しています。

**「具体的にはどのような場合に独禁法違反になるの？」**

公正取引委員会の報告などにおいてもいくつかの例が示されています。

〔複製について〕

①ハードメーカーや流通業者に対するライセンス料を算定する際、当該ソフトを複製した製品だけでなく、競合する他のソフトを複製した製品も含めた出荷実績をライセンス料の算定根拠として用いたり

②複製回数の上限を割り当てて需給調整効果を生じさせたり

③最低限のライセンス料を確保するために、複製回数の下限を設定したり

して、公正な競争を阻害するおそれがある場合には独禁法違反にあたるとしています。

〔改変について〕

改変の禁止が正常な稼動の保証や保守サービスの提供のための必要な範囲をこえ、ソフトのデバッグ（誤りの修正）やカスタマイズすることやソフトを他のソフトやハードに接続したり組み込んだりすることを制限して公正な競争を阻害するおそれがある場合には独禁法違反にあたるとしています。また、改変したソフトについての権利を自らに譲渡させる義務や独占的な利用を許諾する義務を課すことは、ライセンサーのソフト技術市場における地位を不当に強化し、ライセンシーによる新たなソフトウェアの開発を妨げるなど競争秩序に悪影響を与えるおそれが高いことより、独禁法違反となるものと考えられます。

（柳澤　泰）

## ㉔下請法について

A「私の会社はソフトウエアを開発販売していて、当該ソフトウエアの顧客サポート業務を他社に委託しているのだけれど、最近、わが社の利益がおちているので、委託先にも協力してもらって代金減額を頼もうと考えているんだ」

B「きみの会社の資本金は、5000万円を超えていたね。委託先の資本金はわかるかい？」

A「確か3000万円だよ」

B「そうすると、その役務提供委託は下請法の適用を受けるから注意が必要だ」

A「下請法ってどんな法律なんだい？」

B「下請分業構造が広範な分野で形成されていることは日本経済の特徴のひとつと言われているけれども、優越的地位を有する親事業者が下請業者に対し不公正な取引を行うことのないよう下請業者の利益を保護し、国民経済の健全な発展に寄与するために定められたのが下請法なんだ。きみの会社は委託先に口頭で注文をすることなどしていないだろうね」

A「口頭で注文してはいけないのかい？契約は口頭であっても成立すると以前習ったことがあるけれども」

B「契約内容を書面化せず口頭による発注だと取引上のトラブルを引き起こしやすいし、トラブルになれば、弱い下請が強い親事業者に責任を押し付けられてしまうことが多い。だから、下請法3条は、親事業者に対し、直ちに下請事業者の給付の内容、下請代金の額、支払期日及び支払方法その他の事項を記載した書面を下請事業者に交付しなければならないとして、発注書面を交付する義務を課したんだ。これに違反すると50万円以下の罰金だ。行為者のみならずその法人にも同じく刑が科せられるので注意が必要だ」

A「しかし、どうしても注文書に具体的な金額を書きたくない場合はどうしたらよいのだろうか」

B「下請代金の額は必ず書かないといけないよ。数量と単価を表示することでもよい」

A「下請代金の減額も禁止されているのかい？」

B「そのとおり。親事業者の経営が苦しいことを理由に下請代金の減額を行うことも許されない」

A「親事業者が下請代金を速やかに支払うことを条件として値引きを下請に求めることは許されるかい？」

B「下請事業者と親事業者の間にあらかじめ約束ができていても許されない」

A「ほかにはどのような下請代金減額を禁じられる事例があるのかい」

B「取引先からのキャンセル、市況変化などにより不要品になったことを理由に減額する場合とか、販売拡大のための協力などの名目をつけて、何パーセントかを下請代金から減額する場合、手形払を現金払に変更したことを理由に減額する場合などが認められない事例だ。もっと単純な事例で言うと、消費税相当分を支払わないこと、下請代金の総額はそのままにしておいて数量を増加させることも禁止されていることなんだ」

（依田修一）

# 消費者法

## ㉕消費者契約法改正で何が変わった?

Q　**消費者契約法が改正されたそうですね。**

A　消費者契約法等の一部を改正する法律（以下「改正法」といいます）が平成20年5月2日に公布されました。

Q　**内容を教えてください。**

A「適格消費者団体」の認定・監督における行政機関相互の連携、「差止請求権の行使状況に係る情報共有」をあげることができます。

Q　**「適格消費者団体」というのは、どういった団体ですか。**

A　不特定多数の消費者の利益擁護のための活動を主たる目的とし、相当期間に渡り継続して適正な活動を行っている特定非営利活動法人、または一般社団法人、もしくは一般財団法人の中で、組織体制や業務規程の適切な整備、消費生活および法律の専門家の確保、経理的基礎を有することなどの要件を満たす団体のことをいいます。認定は内閣総理大臣が行います。

Q　**なるほど。どういった活動をするのでしょうか。**

A　消費者契約法に違反する事業者の不当な行為に対して、差止請求権を行使します。消費者契約に関連した被害は、同種の被害が多数発生するのが特徴ですが、同法による個別的・事後的救済では同種の被害の発生や拡大を防止することは困難です。そこで、同団体に差止請求権を行使させ、被害の未然防止・拡大防止を図ったのです。

Q　**改正内容ですが、「適格消費者団体の認定等における行政機関の連携」とは、どういうことでしょうか。**

A　内閣総理大臣は、適格消費者団体の認定の際に、所定の事由について、公正取引委員会及び経済産業大臣の意見を聴くものとされました。

また、公正取引委員会及び経済産業大臣は、内閣総理大臣が適当な措置をとることが必要であると認める場合に、内閣総理大臣に対し、その旨の意見を述べることができるようになりました。

Q　**「差止請求権の行使状況に関する情報の共有」というのはどういうことでしょうか。**

A　内閣総理大臣が、適格消費者団体による差止請求権の行使状況を、電磁的方法を利用して同一の情報を閲覧することができる状態に置く措置等の方法により、公正取引委員会及び経済産業大臣に伝達するというものです。

Q　**改正法は、消費者契約法のみを改正したものですか。**

A　景品表示法及び特定商取引法も改正されました。適格消費者団体は、不特定多数の一般消費者に対し、優良誤認表示や有利誤認表示といった景品表示法違反行為や、訪問販売等における不実告知等特定商取引法違反行為が行われ、または、行われるおそれがあるときに、当該行為の停止若しくは予防に必要な措置をとることを請求できるようになりました。　（内橋　徹）

# ㉖割賦販売法改正でクレジット業界に影響

Q　**割賦販売法の大幅な改正があったと聞きましたが、なぜ改正されたのでしょうか。**

A　高齢者を狙ったリフォーム詐欺等のクレジット取引の問題や呉服等の次々販売のような過量販売の問題等が深刻化していたことが背景にあります。改正法は、平成20年6月11日に成立し、同月18日に公布されました。

Q　**主な改正内容を教えてください。**

A　まず、割賦要件や指定商品・役務制が見直されました。

改正法では「2か月以上」の与信であれば一括払いも対象とされました（旧法では「期間が2か月以上かつ回数3回以上」の分割払いに限定）。これに伴い「割賦購入あっせん」という概念は、「信用購入あっせん」という概念に改められました。また、規制の後追い状況を解消するため、原則としてすべての商品販売等が規制対象とされました。

Q　**業者が調査義務を負うと聞いたのですが。**

A　個別信用購入あっせん業者は、販売業者の勧誘行為に不実の告知や重要事実の不告知、威迫がないかを調査する義務を負い、不実の告知等があったと認めるときは、当該販売契約にかかる与信契約を締結してはなりません。また、信用購入あっせん業者は、消費者の支払可能見込額の調査を義務付けられるとともに、消費者への過剰な与信を禁止されました。

Q　**契約締結に際し、業者は書面を交付する必要がありますか。**

A　個別信用購入あっせん業者は、与信契約の申込段階と締結段階の両方で契約に関する事項を記載した書面を交付する必要があります。

**Q　改正によって、消費者はどういった手段をとることが可能となりましたか。**

A　まず、通信販売を除く特定商取引類型の販売契約にかかる与信契約について、クーリング・オフすることが可能となりました。また、過量販売に係る与信契約の申込みの撤回・解除をすることが可能となりました。さらに、販売業者が与信契約締結の勧誘をする際に、与信契約の重要事項について不実の告知または故意の不告知を行った場合には、申込者等は当該与信契約を取り消すことが可能となりました。申込者は、個別信用購入あっせん業者に対して、既払金の返還を請求することができるようになりました。

**Q　今回の法改正はどういった業界に影響を与えると考えられるでしょうか。**

A　クレジット業界は非常に大きな影響を受けると考えられます。現在10兆円といわれている個品（個別信用購入あっせん）市場は将来的には3割減少し、7兆円程度にまで縮小するとの見方もあります。また、金融機関のクレジットカード業務や債権管理業務への影響も考えられるところです。

（内橋　徹）

## ㉗特定商取引法改正について

Q　**改正された特定商取引に関する法律（特定商取引法）が平成21年12月1日に施行されたと聞いたのですが、今回の改正の中で重要なものを教えてください。**

A　まず重要な改正点として、政令指定商品・役務制度を廃止したことが挙げられます。これまで、訪問販売・通信販売・電話勧誘販売では、政令で指定された商品・役務・権利に関する取引に限って特定商取引法が適用されることになっていました。しかし、新商品が開発された場合、その商品が政令で指定されるまでには時間がかかるため、それまではその商品に関する取引について特定商取引法が適用されないという事態が生じる恐れがある等、政令指定商品・役務制度に対しては、消費者保護を全うし得ないという点からの批判がありました。

そこで、今回の改正で政令指定商品・役務制度を廃止し、一部の適用除外を除いて原則として全ての商品・役務に特定商取引法を適用することにしました（なお、政令指定権利制度はそのまま維持されます）。

Q　**なるほど。特定商取引法の適用を受けられる範囲が広がったのですね。ところで、私の祖父が、以前、執拗な訪問販売で大損害を被ったのですが、このような不当な訪問販売に対する規制もなされるのでしょうか。**

A　はい。判断能力等の低下した高齢者等を狙って訪問販売業者が次々と大量の契約を締結させ、借金漬けにする行為が横行していることは、従前から問題になっていました。そこで、今回の改正で、消費者に日常生活において通常必要とされる分量を著しく超える商品を購入させる行為等（過量販売）に対して規制がなされました。具体的には、過量販売がなされた場合、消費者は、契約締結から１年間は契約を解除することができるようになりました。そして、過量販売勧誘をした事業者に対しては、業務停止などの行政処分がなされることになりました。なお、過量販売においては、現金がない消費者にクレジット契約をさせる場合があるので、クレジット契約も解除できるようにしないと消費者を真に救済したことにはなりません。そこで、割賦販売法の改正により、訪問勧誘による過量販売の場合には、クレジット契約も１年間は解除できるようになりました。

また、何度断っても繰り返し行われる執拗な訪問勧誘行為自体に対しても規制がなされました。まず、販売業者等は、訪問販売をしようとするときは、その相手方に対し、勧誘を受ける意思があることを確認するように努力しなければならないことになりました。そして、販売業者等は、訪問販売による売買契約や役務の提供契約を締結しない旨の意思を表示した方に対しては、それ以上勧誘をしてはならないことになりました。

（山越真人）

## ㉘消費生活用製品安全法改正で事故は防げるか

Q　**日常生活で使われる製品の事故が相次ぎ、社会問題になったことは記憶に新しいですね。**

A　こうした事故を受け、消費生活用製品安全法（消安法）が改正され、平成19年5月から施行されています。

Q　**従来の消安法ではこうした事故を防げなかったのですか。**

A　従来は、危険性が高いと考えられる製品につき安全基準を設け、製造や出荷段階でその基準に合わせるよう義務付けていましたが、指定製品以外の製品事故などには十分に対応できなかったのです。

Q　**なるほど。どういった点が改正されたのですか。**

A　まず、「製品事故」規定が新設されました。製品の欠陥によって生じた事故でないことが誰の目から見ても明らかな事故（包丁を使用して他人を傷つけた場合など）は除かれますが、製品が原因と疑わしい場合は製品事故に該当することとされています。製品の目的外使用や消費者の重大な過失による事故の場合は個別に判断されます。

Q　**製品事故に当たるかの判断は中々難しそうですね。製品事故にあたるとどうなりますか。**

A　製造事業者または輸入事業者は、製品事故に関する情報を集め、消費者に対し適切に情報を提供するよう努めなければなりません。また、死者が出た場合など重大製品事故が生じたことを事業者が知ったときは、10日以内に、製品名、事故の内容等を主務官庁に報告する必要があります。

**Q　迅速な対応が求められることになりますね。**

A　はい。限られた時間の中で最大限に情報を収集するための体制作りが不可欠です。例えば、24時間対応が可能な窓口を設置し事故情報を正確に把握すること、把握した情報を事業者内部で迅速・正確に処理するため経営トップ直属の製品安全に関する担当部門を設置することなどが考えられます。

**Q　主務官庁は、事業者から報告を受けた後、どのような対応をするのでしょうか。**

A　重大な危害の発生・拡大を防止するために必要があると認められるときは、製品の名称、事故の内容等を迅速に公表するとされています。

**Q　報告義務に違反した場合はどうなりますか。**

A　事故情報を収集、管理、提供するために必要な体制の整備を命じられることがあります（体制整備命令）。命令違反については罰則も設けられています。なお、平成21年4月から、長期使用製品安全点検・表示制度が新設されています。前者は、経年劣化により特に重大な危害を及ぼすおそれの多い9品目についての点検制度です。後者は、重大事故発生率は高くないものの、事故件数が多い製品について、標準使用期間と経年劣化についての注意喚起等の表示を義務化する制度です。

（内橋　徹）

OKYO3

# ㉙外国為替証拠金取引に対する法的規制

## 外国為替証拠金取引とは？

外国為替証拠金取引とは、約定元本の一定率の証拠金を取扱業者に預け、差金決済（現物の授受を行わず反対売買による差額の授受により決済を行うもの）による外国為替の取引をいいます。この取引は、平成10年の外国為替取引の自由化以降、少額の資金で多額の取引を行い、多額の為替差益を上げ得る取引として、取扱業者は増加の一途を辿っています。ただし、少額な資金で多額の取引が可能である反面、証拠金の額を超えて損失を被る可能性もある非常にリスクの高い取引です。

## 外国為替証拠金取引をめぐるトラブル

外国為替証拠金取引に関する法律がないことから、業者に対する登録義務や勧誘行為等に対する規制はありませんでした。そこで、悪質な業者により、「銀行の外貨預金と同じ。」などとあたかも証拠金が保証されているような誤った説明や詐欺的な勧誘が行われるケースも見られ、社会的にも問題となっています。取引業者に顧客の被った損失を賠償するよう命じた裁判例もあります。

## 金融商品販売法施行令の改正

このようなトラブルが生じたことなどを踏まえ、顧客保護の観点から、金融商品販売法施行令が改正され、外国為替証拠金取引を取り扱う全ての業者をこの法律の対象とすることとしました（平成16年4月1日施行）。金融商品販売法では、業者に重要事項の説明義務が定められており、説明を怠った業者に損害賠償責任を負わせています。また、元本割れとなっている額を損害額と推定する旨の規定もあり、裁判での顧客側の立証負担は軽減されることとなります。また、業者は、あらかじめ勧誘方針を策定し、公表することが義務付けられています。

### 金融商品取引法による規制

金融商品取引法は、被害の拡大を防止するために、外国為替証拠金取引やこれに類似する取引を「金融商品取引業」に含めて規制対象とするとともに、顧客を保護するために必要な規制を設けています。

まず、金融商品取引業を登録制とし、株式会社又は銀行等の金融機関でなければ行うことができないこととするほか、業者の財務上の健全性や業者及び主要株主の適格性等を確保するため、所要の登録拒否要件などが整備されています。

また、業者に対して、投資資金以上の金額について取引が行われることや、多額の損失が生じるおそれがあることについて、取引開始前の段階で顧客に示すことを義務付け、電話や訪問による勧誘を禁止しています。

さらに、最低資本金制度を導入するとともに、業者がリスクに見合った自己資本を有していることを確認するため、自己資本規制比率の算出を義務付けた他、定期的な情報開示義務についても規定されています。

（柳澤　泰）

## ㉚フランチャイザーの示した予測どおりの収益が上がらなかったら

**「当社は、全国にコンビニエンスストアのフランチャイズ店舗を展開しています。最近、加盟店舗から、『実際の収益が、当社の説明した予測と異なっている』として損害賠償を請求されています。このような場合に、本店である当社の責任が問われることはあるのでしょうか？」**

### ＦＣシステムとは

フランチャイズ（ＦＣ）システムとは、加盟店（フランチャイジー）が本部（フランチャイザー）の商標、サービスマークなどの営業の象徴となる標識、信用、経営のノウハウ及び経営指導力を活用して自己の利益を追求し、他方、本部は、加盟店の有する資金や人材を活用して、自己の事業を拡大することで共存しながら互いの利益を追求することを目的とする仕組みです。現在、我国には、1200以上のフランチャイズチェーンが存在し、店舗数は23万、売上高は20兆円を超えるといわれています。コンビニエンスストアやファーストフード店、コーヒーチェーン店などがＦＣの代表例です。

### 収支予測を示す際の注意点

加盟店となろうとする者にとって、最も関心あるのが収益予測です。専門的知識を有し、豊富な情報量と資金力を有する本部の収益予測が、フランチャイズ契約を結ぶかどうかを決定づける重要な要素となります。したがって、本部が加盟店に対し収益予測を示す場合には、客観的かつ的確な予測を提供すべき注意義務を負います。

もっとも、収益予測は、将来の事業活動の結果を事前に予想するものであり、事業活動の成果はその時々の経済情勢やその他の諸要因により容易に変化するものですから、正確な金額を確実に予測することは極めて困難です。また、予測の手法も必ずしも確立されているものではありません。

したがって、収益予測が実際の事業結果と異なったとしても、直ちに本部に義務違反が認められるわけではありません。予測の手法自体が明らかに不相当であったり、基礎数値に誤りがあったりした場合など、予測数値が全く合理性を欠き、加盟店の契約締結に関する判断を誤らせるおそれが著しく高い場合に限って損害賠償義務を負うものと考えられています。

**賠償義務の範囲**

本部が損害賠償義務を負う場合、店舗賃借のために差し入れた保証金と返還された保証金との差額分、開業のための資金借入に伴う利息、店舗賃借のための仲介料、店舗改装費用、什器・備品の購入代金・リース料など開業のために資本投下したが無駄となってしまったものが賠償の範囲であると考えられています。

ただし、加盟店は単なる末端の消費者と異なり、自己の経営責任において利潤を追求する独立の事業者なのですから、投資リスク・事業リスクを負担すべきはずです。本部から示された収益予測を鵜呑みにすることなく、不明点や疑問点については逐次質問をして、自ら収益予測を立てた上で契約するか否かを判断するのが本来の姿です。裁判上、本部が損害賠償義務を負う場合であっても、加盟店の過失が認定されて賠償の範囲が制限されるケースがほとんどです。

（柳澤　泰）

## ㉛「保証」について

A「君の会社は甲社に継続的に融資をしているらしいね。保証はきちんととったのかい？」

B「甲社の代表者個人から根保証契約書をもらった」

A「保証金額や保証期間について無制限に責任を負うことになっている、いわゆる包括根保証ではないだろうね」

B「そうだよ。昔からよく、会社代表者個人から提出してもらっていたじゃないか。一度もらっておけば、貸す方としてはずっと安心だったはず」

A「平成16年の民法一部改正によって、包括根保証が禁止されたのを知らなかったのかい。平成17年4月1日から施行されているよ」

B「なぜ禁止されたの？」

A「保証の上限を定めないと保証人が莫大な責任を負わなければならない危険があるからだよ。主債務者と債権者との間の継続的取引から生じ、かつ、保証の対象である被担保債務が将来の複数の債務であるなど、不特定な債務を保証することを『根保証』というわけだが、そのうち、極度額の定めのない根保証契約は、主たる債務の範囲に融資に関する債務が含まれており、かつ、保証人が個人であるものは無効とされたんだ。この契約を『貸金等根保証契約』という」

Ｂ「貸金等根保証契約のなかに、主たる債務の元本の確定すべき期日の定めがない場合はどうなるんだい？」
Ａ「貸金等根保証契約を締結した日から３年経過する日が元本確定期日とされ、また、５年を超える日を定めた場合はその期日が無効とされるなど、保証人の責任が限定されるようになった」
Ｂ「定めをしなければ、ずっと長く効力が続くような気がしていたのだけれど、違うんだね」
Ａ「貸す側・債権者側からの立場からすれば、きめ細かく保証管理を行い、チェックすることが大事だ。いったん書面をもらっておけば大丈夫、などと安心しないように注意しなければいけない」
Ｂ「身元保証でも同じようなことをよく言われるよ」
Ａ「『身元保証ニ関スル法律』という法律で、身元保証契約の存続期間について、期間の定めのない場合には３年（但し商工業見習者は５年）とされ、期間を定めた場合でも５年を超えることはできない、とされている」
Ｂ「保証期間を定めて、例えば、期間満了日の３カ月前までに会社に対し書面で契約を更新しない旨の申立てをしない場合は、満了日から更に前と同じ保証期間が更新されるという自動更新特約を定めておく、というのはどうだろうか」
Ａ「『身元保証ニ関スル法律』の６条で『本法の規定に反する特約にして身元保証人に不利益なるものは総て無効』と規定されているので注意が必要だ。今、Ｂ君が言ったような事例で、そのような自動更新特約は無効だと判断した下級審の裁判例もあるよ。いずれにしろ、保証管理が大事だということだ」

（依田修一）

## ㉜包括根保証の規制

A「民法の一部を改正する法律が平成16年11月に成立し、平成17年4月1日から施行されている。保証契約の適正化のための法整備がなされたものだ。保証金額や保証期限に定めがない、いわゆる包括根保証が規制された」

B「一定の範囲に属する不特定の債務を主たる債務とする保証契約のことを根保証というのだったね。包括根保証は、保証人が、契約時には予想もしなかった高額な弁済を求められたり、契約後長期間経った後の融資まで過大な責任を負う危険がある、と言われていた」

A「そうなんだ。平成16年改正で、金銭の貸渡しに関する貸金等根保証契約を締結した個人の保証人を保護するため、次のように定められた。

まず、根保証契約を含む保証契約は、契約書などの書面で行わなければ効力を生じないこととなった。以前は口頭での約束も有効だったが、今後は無効となる。要式行為とされたんだ。

次に、保証人（個人）が保証する金額には、必ず上限を定めなければならなくなり、限度額（極度額）の定めのない根保証は無効となった。

根保証期間の制限については、根保証をした保証人が保証する債務は、一定の期間内（元本確定期日）に発生したものに限られることとなった。以前は、無期限で保証する契約も有効だったけれど、平成16年改正後は、根保証契約書で、契約日より5年以内に定められた元本確定期日までに行われた融資に限って保証債務を負担することとなったんだ」

B「契約日より5年を超える日を元本確定期日と定めた場合には

どうなるの」

A「その期日は無効となって、元本確定期日の定めがないことになるんだ。契約書に元本確定期日の定めがない場合は、契約日から３年後の日が元本確定期日となる。さらに、債務者や保証人が、債権者から強制執行を開始されたり、破産手続開始の決定を受けたり、債務者や保証人が死亡した場合、その時点で元本確定となり、保証債務を負うのもその時点までの債務ということになる」

B「平成16年改正法の施行前に締結された貸金等根保証契約で極度額の定めのないものは無効となるのかい？」

A「無効にはならないが、経過措置が定められており、改正法の施行後３年が経過しても元本が確定しないものは、３年を経過する日に自動的に元本が確定することとした。元本確定した後の融資については保証債務を負わないことになるんだ」

B「法改正によって、既存の包括根保証契約の見直しが行われる際に、あわせて主債務者との取引関係も不利に見直される危険はなかったのかい」

A「金融庁が『中小・地域金融機関向けの総合的な監督指針』を一部改正して、法改正を口実とする不適切な説明を行わないよう留意点を追加したりしていて配慮がなされたんだ」

（依田修一）

# ㉝事業用定期借地権の改正について
## ～借地借家法平成19年改正～

### はじめに

平成19年に行われた借地借家法の一部改正は平成20年1月1日から施行されています。

この平成19年改正により、事業用定期借地権の設定期間が見直されました。

### 平成19年改正の意味

この改正より前においては、事業用定期借地権は、10年以上20年以下の範囲で定めることになっていました。

その事業用定期借地権の存続期間が、平成19年改正によって(10年以上）50年未満とされたのです。すなわち、事業用借地権の存続期間の上限が、「20年以下」から「50年未満」と引き上げられたというわけです。

ここで「50年未満」と申しましたが、50年以上、例えば、60年と定められないのかとなりますが、そうではありません。

すなわち、50年以上であれば、借地借家法22条の一般定期借地権の設定をすればよいのです。一般定期借地権は、事業用に限らず、居住用でも、用途にかかわらず、設定できるからです。

### 定期借地権とは何か

もう少しわかりやすく説明するため、定期借地権の話からしていきます。そもそも、借地借家法3条は、普通の借地権の存続期間を30年と定め、ただし、これより長い期間を定めたときはその期間とする、としています。しかし、普通の借地権の場合、期間満了となっても、借地人が契約の更新を請求し、又は建物の使用を継続していれば、貸地人の更新拒絶に正当事由がない限り、借地契約が更新されることになります。土地所有者としては借地契約の更新等により半永久的に土地を貸さなければならないことから、貸地することを拒んだり、貸地する場合でも高額な権利金を要求するという事態となっていました。そこで、一定の借地期間が経過すれば契約は更新されずに借地権が消滅するという形態の定期借地権が三種定められたのです。それが、一般定期借地権、建物譲渡特約付借地権、事業用借地権の三つです。

そのうち一般定期借地権は50年以上と定めることになっていて、しかも、事業用でも設定できるわけですので、50年以上を定めたい場合は、一般定期借地権を設定すればよいということなのです。

**事業用借地権の利用**

事業用借地権は、事務所とか店舗、倉庫などの営業用建物、郊外型レストラン、量販店、洋品店等の事業用地としての利用に適している、といわれていましたが、平成19年改正により、長期の事業も利用しやすくなり、採算が確保されやすくなりました。また、土地所有者と借地人側の双方のニーズに応じた土地の有効活用が図られることになりました。

なお、平成19年改正前までに設定されている事業用定期借地権については、改正の経過措置として、この法律の施行前に設定された借地権（転借地権を含む）については、なお従前の例による、とされており、かわりません。

（依田修一）

## ㉞住宅瑕疵担保履行法について

Q　**住宅瑕疵担保履行法に基づく資力確保義務化が平成21年10月1日から施行されましたがどのような法律なのでしょうか？**

A　住宅瑕疵担保履行法（正式名称は『特定住宅瑕疵担保責任の履行の確保等に関する法律』）は、新築住宅の発注者や買主を保護するために、その売主や請負人に対しその資力を確保すべく保険への加入または保証金の供託を義務付けるものです。

Q　**なぜこのような法律が制定されたのですか？**

A　新築住宅については平成12年施行の「住宅品質確保法」に基づき売主及び請負人は10年間の瑕疵担保責任を負うことが既に義務付けられています。ところが、平成17年に発覚した構造計算書偽装問題を受けて、売主や請負人の財務状況によってはこうした瑕疵担保責任が十分に履行されず発注者や買主が泣き寝入りするという問題が浮き彫りになりました。そこで、住宅品質確保法で定められた10年の瑕疵担保責任の履行を実現すべく本法が制定されるに至ったのです。

Q　**本法は具体的に何を定めたものなのですか？**

A　端的に言うと、平成21年10月1日以降に引き渡される新築住宅について、その売主または請負人に対し、お客様に新築住宅を引き渡す際に保証金の供託または保険への加入を義務付けたものです。本法の対象となるのは建築物のうち戸建住宅や分譲マンション等の「住宅」のみであり、かつ、「新築」に限られます。

　また、資力確保措置義務を負担するのは買主または発注者に新築住宅を引き渡す建設業者または宅地建物取引業者に限られます。

Q　**資力確保の方法としてどのような方法が求められるのですか？**

A　「保証金の供託」か「保険への加入」のいずれか一方、あるいはその両方の組み合わせを選択することができます。

「保証金の供託」とは過去の供給戸数に応じて算定された金額の現金等を供託所に預けおくことをいい、「保険への加入」とは国が指定する保険法人との間で瑕疵が判明した場合に保険金を支払うことを約した保険契約を締結することをいいます。

Q　**本法への対応について特に注意すべき点はありますか？**

A　本法に基づく資力確保措置は、平成21年10月1日以降に引き渡す新築住宅に義務付けられるため、請負契約や売買契約の締結が平成21年10月1日以前であっても、引渡しがそれ以降となる場合にはあらかじめ保証金の供託や保険への加入措置を講じておかねばなりません。

また、保険加入の場合には工事中に指定保険法人の検査を受ける必要があるため、着工前に保険法人に申し込んでおく必要があります。

したがって、建設業者や宅建業者としては、工事遅延や売れ残り等の可能性に十分留意しつつ保証金の供託や保険への加入の措置を事前に講じておかねばならないのです。

（永　滋康）

# ㉟土壌汚染対策法について（1）

### 土壌汚染対策法が制定された経緯

土壌汚染対策法が初めて成立したのは平成14年5月22日のことでした。同法は平成15年2月から施行されました。

それまでの公害については、大気汚染、水質汚濁、振動などは法規制がありましたが、市街地の土壌汚染には包括的な法規制がありませんでした。

しかしながら、企業が財務体質の悪化などから工場用地を処分し、マンションに転用したところ、土壌が鉛、カドミウム、ひ素、ＰＣＢなど有害物質による汚染が判明する事例が増えてきたのです。そのような背景のもと、土壌汚染から国民の健康被害を保護するためにつくられたものが土壌汚染対策法です。平成14年9月20日には中央環境審議会から「土壌汚染対策法に係る技術的事項について」という答申がだされ、同法に基づく政令・省令が整備されました。

### 土壌汚染対策法のしくみとは

土壌汚染といっても、基準を超える汚染かどうかは「調査」してみなければわかりません。土壌汚染対策法5条は、都道府県知事は「土壌汚染による健康被害が生ずるおそれがある土地」と認めるとき、土地の所有者、管理者又は占有者に調査をさせ、結果を報告するよう命じることができる、と規定し、土地の所有者等に調査義務を負わせることにしました。また、特定有害物質を製造、使用、処理する水質汚濁防止法の特定施設が使用を廃止する際には、土地所有者等に調査と報告義務を負わせることにしました（同法3条）。

土壌汚染状況調査の結果、環境省令で定める基準を超える土壌汚染が判明した場合、都道府県知事は、要措置区域として指定し、公示がなされます（6条)。要措置区域の公示により汚染地の情報公開がなされることになります。

環境省令で定める基準を超える土壌汚染が判明した場合、都道府県知事は、健康被害を防止するため必要な限度において、土地の所有者等に対し、当該汚染の除去や拡散の防止のため必要な措置を講ずるよう指示するものとします（7条)。この指示措置等には、覆土（盛土)、土以外のもので舗装、立入禁止、土壌入換、封じ込め、浄化などがありますが、多大な費用がかかる可能性があり、土地所有者等には大きなリスクが発生します。

法7条1項但書によって、土壌汚染原因者が明らかな場合、都道府県知事は当該土壌汚染原因者に措置を指示するものとしますが、汚染原因行為の特定は困難な場合が多く、土地を購入する際には土壌汚染のリスクも十分ふまえて契約に反映させる必要があります。

（依田修一）

## ㊱土壌汚染対策法について（2）

Q　**土壌汚染対策法（土対法）が改正されたそうですね。**

A　はい。「土壌汚染対策法の一部を改正する法律」が平成21年4月21日に成立し、平成22年4月1日から施行されました。

Q　**なぜ改正されたのでしょう。**

A　1つには、法に基づかない自主調査により発見される土壌汚染が増加していたことがあります。平成19年度の調べでは、土対法に基づく調査は2％にとどまり、90％以上が自主調査によるものでした。

そこで、土壌汚染調査義務の範囲を見直し、汚染の状況を把握するための制度が拡充されました。例えば、面積が一定規模以上の土地の形質の変更を行おうとする者は、都道府県知事に届けること、都道府県知事はその土地が土壌汚染のおそれのある土地であると認めるときは当該土地の所有者等に、土壌汚染状況の調査を命ずることとされました。

Q　**90％以上が自主調査とは驚きました。他の改正も教えてください。**

A　土対法では、盛土や封じ込め等有害物質の摂取経路を遮断する方法が基本とされていました。しかし、実際には、健康被害が生じるおそれの有無にかかわらず、汚染土壌の掘削除去の方法が選択されることが多かったのです。掘削除去は、汚染された土壌の所在を不明にしたり、運搬の際に汚染を拡散させるおそれがあるため、その偏重は問題とされていました。

そこで、改正法では、健康被害が生じるおそれの有無に応じて、区域を分類し、必要な対策を明確化しました。

具体的には、対策が必要な区域（要措置区域）と、基準を超える汚染はあるが現状では健康被害が生じるおそれがなく土地の形質変更時に届出を求めるにとどまる区域（形質変更時要届出区域）とが定められ、前者について都道府県知事が必要な対策を指示することとされました。

Q　**旧土対法に汚染土壌の運搬の規定はなかったのですか。**

A　指定区域（都道府県知事から土壌の汚染状態が法令で定める基準に適合しないと指定された区域）から運び出される場合以外は、行政の指針は出されていたものの、法の対象外でした。

こうしたこともあって、汚染土壌の不適正な処理による汚染の拡散が懸念されていました。

そこで、運び出された汚染土壌が適正に処理されるように、法改正がなされました。

例えば、汚染土壌を区域外へ運び出そうとする者が汚染状況や運搬方法等を都道府県知事に事前に届け出ることを義務付ける制度や、運搬の方法が基準に違反している場合等の計画変更命令などが挙げられます。

（内橋　徹）

## ㊲薬事法改正による今後の展望

**Q　医薬品の販売等に関して改正がなされた薬事法が平成21年6月1日に施行されたようですが、そもそもなぜ薬事法を改正することになったのですか？**

A　一般市民が薬局・薬店（ドラッグストア）で購入することができる一般用医薬品にも、副作用が存在することはあります。そこで、これまでも、一般用医薬品の販売をする際には、薬剤師等が情報提供をすることとされていました。しかし、実際には、薬剤師等による情報提供を実施していない店舗も存在する等、情報提供は徹底されていませんでした。そこで、薬事法を改正し、リスクの程度に応じて、適切な情報提供がなされる制度を構築しようとしたのが今回の改正の動機です。

**Q　薬事法の改正により、今後医薬品の販売業にどのような変化が生じるのですか？**

A　改正薬事法は、一般用医薬品をリスクの高い順に第１類（一部の毛髪用薬等）、第２類（主な風邪薬、鎮痛薬等）、第３類（整腸剤等）に分類し、その分類ごとの規制を設けました。

そして、第１類医薬品の販売には薬剤師のみが対応できますが、第2、第３類の医薬品の販売には薬剤師のみならず、改正薬事法で導入された登録販売者も対応ができることにしました。

この改正は、薬剤師よりも資格の取得が容易な登録販売者でも一般用医薬品の販売ができるようになった点で、規制が緩和されたとも言えるものです。これにより、今まで一般用医薬品の販売をしてこなかったコンビニエンスストア等が登録販売者を多く雇って一般用医薬品の販売事業に参入してきます。その結果、コンビニエンスストア等と薬局・薬店との競争が激化することになるでしょう。

次に、薬事法改正に伴う薬事法施行規則の改正により、第１、第２類の医薬品は、店舗において対面で販売し、情報提供をしなければならないことになりました。これにより、ネット販売は第３類の一般用医薬品に限ってのみ行えることになりました。

この改正は、今まで第１、第２類に属する一般用医薬品のネット販売を行ってきた企業に打撃を与えました。この規制により、これまでネットで販売を行ってきた医薬品のうち、７割もの医薬品が販売できなくなったと言われています。これらの企業は、前記改正が営業の自由を保障していると解される憲法22条１項等に反し、憲法に反するのではないか等と主張しています。ネット販売の可否については今後も議論が継続すると考えられます（なお、後者の改正に対しては、平成21年５月29日に、『薬局・薬店のない離島居住者』等については、２年間の経過措置として、第２類医薬品の通信販売を認め得るとの改正省令が公布されています）。

（山越真人）

コンビニ
コンビニ
薬
DRUG STORE
VS
登録
販売者
薬剤師
OKYO3

## ㊳健康食品と効能効果の表示

Q　**我社では、体質を改善して花粉症が治るといわれているお茶を、販売する予定です。販売戦略上、パッケージに「体質が改善されて花粉症が治ります！」と記載しようと考えているのですが、何か問題はあるでしょうか？**

A　医薬品として承認を受け、販売の許可を得なければそのような記載はできません。薬事法は、病気の診断や治療、予防に使用されることが目的とされているものや体の構造や機能に影響を及ぼすことが目的とされているものを医薬品と定義しています。「体質改善」、「花粉症が治る」という医薬品的な効能効果がうたわれているものは医薬品とみなされ、たとえ実際にそのような効能効果があったとしても、販売するためには、厚生労働大臣の承認、許可が必要となります。無承認、無許可で販売すれば、3年以下の懲役もしくは300万円以下の罰金という刑罰が科されることにもなります。

Q　**実際にそのお茶を飲んで花粉症が治ったという人の体験談や効果があったとの医師の談話を広告に載せることは可能でしょうか？**

A　そのような体験談や談話が事実であったとしても、載せることも許されません。「花粉症が治った」、「効果があった」といった体験談や談話の内容から、医薬品的効果効能があることを暗示させるものも医薬品に該当するからです。

Q　**実際に効能効果があるのであれば、そのような記載や宣伝をしてもいいように思うのですが、なぜ許されないのでしょう**

**か？**

A　実際に医薬品的な効能効果があるかどうかは、臨床試験などを行い、医学的な見地から専門的な審査をして初めて分かることです。一部の体験者や医師が認めたからといって、誰にでもそのような効能効果が認められるとは限りません。医学的に確認されていない効能効果の表示がされることにより、消費者に正しい医療を受ける機会を失わせ、病気を悪化させるなどの弊害をもたらすおそれがあるからです。

Q　**最近、虫歯に効くと表示されているガムや皮膚や粘膜によいと表示されている食品を見かけるのですが、それも薬事法違反になるのではないですか？**

A　国の審査を受け、許可を受けることにより、特定の保健機能を表示することが認められている食品（特定保健用食品）があります。例えば、再石灰化機能を持つキシリトールなどが含まれていて「歯を丈夫で健康に保ちます」といった表示をすることが許可されたガムがあります。また、特定の栄養成分について、決められた機能を表示することは認められています（栄養機能食品）。例えば、ビタミン$B_2$について「皮膚や粘膜の健康維持を助ける栄養素」であること、カルシウムについて「骨や歯の形成に必要な栄養素」であることを表示することは認められています。特定保健用食品や栄養機能食品については、認められた範囲で効能効果の表示することは薬事法違反にはなりません。

（柳澤　泰）

## ㊴「化審法」による健康被害の防止と生態系の保護

### 「化審法」とは？

正式名称を「化学物質の審査及び製造等の規制に関する法律」といいます。食用油に混入したＰＣＢ（ポリ塩化ビフェニル）が原因で皮膚炎や内臓疾患などの健康被害が生じた「カネミ油症事件」を契機に昭和48年に制定されました。化学物質による健康被害を防ぐため、新規の化学物質に毒性がないかの事前審査を義務付け、環境中で分解しにくく（難分解性）、継続して摂取すると毒性が認められる化学物質の製造・輸入について許可を必要としています。

### 環境に着目した改正

もともと、化審法は、主として人の健康への被害を防止するための法律でした。しかし、欧米での法制においては、人だけでなく動植物への影響にも着目した法規制となっており、ＯＥＣＤ（経済協力開発機構）からも、環境への配慮を考慮した適切な制度改正を行うべきとの勧告を受けました。

このような状況の下で、平成15年に、化学物質の動植物への影響に着目した審査・規制制度を導入するとともに、環境への放出可能性を考慮した、一層効果的かつ効率的な措置等を講じる次のような改正がなされました。

### 審査項目の追加

新規化学物質の審査にあたり、動植物への毒性との審査項目が新たに加えられました。この審査の結果、難分解性で動植物への毒性があると判定された化学物質については、製造・輸入事業者に製造・輸入実績数量の届出を求めるなどの監視措置を講じなければなりません。

### 毒性不明の化学物質に対する規制

人や動植物への毒性が不明であっても、難分解性で生物の体内に蓄積しやすい化学物質については、製造・輸入実績数量の届出を義務付けるとともに、環境大臣等は、環境中への放出の削減を指導・助言し、必要に応じて毒性の調査を求めることができる制度が設けられました。

### 放出可能性に着目した審査制度

閉鎖した工程でのみ用いられるものなど、環境中への放出可能性が極めて低い場合には、毒性についての事前審査を経なくても、事前確認・事後監視することを前提に製造・輸入ができるようになりました。また、高蓄積性がないと判定された化学物質については、一定数量以下であれば、毒性試験を行わずに製造・輸入ができるとされました。

### 報告の義務付け

化学物質の製造・輸入業者は、事前審査の後に取得した試験データ等の有害性情報を入手した場合には、国に報告することが義務付けられ、企業の環境に対する責任が強化されています。

（柳澤　泰）

# 公益法人制度の改革

## ㊵公益法人制度の改革について

Q　**公益法人制度の改革について教えてください。**

A　公益法人制度改革関連三法（①一般社団法人及び一般財団法人に関する法律、②公益社団法人及び公益財団法人の認定等に関する法律（公益認定法）③一般社団法人及び一般財団法人に関する法律及び公益社団法人及び公益財団法人の認定等に関する法律の施行に伴う関係法律の整備等に関する法律）が平成20年12月1日に施行されたことにより、公益法人制度は大きく変わりました。

これまでの制度は、非営利性（構成員に利益を分配しないこと）と公益性の２つの性質を有する団体につき、主務官庁の許可があってはじめて社団法人・財団法人として法人格が与えられるという制度であり、主務官庁による公益性の有無の判断と法人の設立とが一体となっていました。

ところが新たな制度では、公益性の有無にかかわらず非営利性さえあれば、登記をすることのみで（主務官庁の許可なく）簡便に法人を設立することができるようになりました。このようにして設立された非営利法人を一般社団法人・一般財団法人と言います。

そして一般社団法人・一般財団法人のうち、公益認定法が定める要件を満たしているものは公益認定の申請をすることができ、これを受けて行政庁が民間有識者からなる委員会等の意見に基づき公益性があると認定した場合に、公益社団法人・公益財団法人になるのです。

このように新制度においては、法人の設立と行政庁による公益性の判断とが分離されたことに大きな特徴があります。

**Q　公益認定を受けるメリット・デメリットは何ですか？**

A　メリットとして、「公益社団法人」、「公益財団法人」という名称を独占的に使用することができること、税制上の様々な優遇措置が受けられることなどが挙げられます。

一方、デメリットとして、収入額や資産使用の制限等、法人の行動に制約が課せられること、ガバナンスの強化（理事会、監事の設置義務等）や情報開示の強化が求められること、行政庁による監督を受けることなどが挙げられます。

**Q　従来の社団法人・財団法人はどうなるのですか？**

A　平成20年12月1日から平成25年11月30日までの5年間は移行期間とされ、その間は「特例民法法人」としてそのまま存続できますが、移行期間内に一般社団法人・一般財団法人への移行認可申請を行うか、もしくは公益社団法人・公益財団法人への移行認定申請を行う必要があり、もし移行期間内に移行がなされない場合には、移行期間満了の日に解散したものとみなされます。

（小室大輔）

# ㊶公益社団法人・一般社団法人の理事の義務と責任等

**Q　平成 20 年 12 月に始まった新公益法人制度における公益社団法人の理事や一般社団法人（理事会設置法人）の理事に就任すると、法律上どのような義務や責任を負うことになるのですか？**

A　理事が負う義務・責任のうち、基本的なものを述べます。

**1　善管注意義務、忠実義務**

まず、理事は、当該法人に対して、善良なる管理者の注意をもって事務を処理する義務を負います（善管注意義務）。また、理事は、法令・定款、社員総会決議を遵守し、当該法人のために忠実にその職務を行わなければなりません（忠実義務）。

**2　競業取引、利益相反取引の規制**

理事は、上記１の義務を負っていることから、当該法人の利益を害して自己又は第三者の利益を図ることは許されません。

そこで、理事が

①自己又は第三者のために当該法人の事業の部類に属する取引（競業取引）

②理事が自己又は第三者のために当該法人と取引をする場合や、当該法人が理事の債務を保証することその他理事以外の者との間において当該法人と理事との利益が相反する取引（利益相反取引）

を行おうとする場合は、理事会において、重要な事実を開示してその承認を受けるなどの手続きが必要とされます。

**3　損害賠償責任**

**（1）法人に対する責任**

理事がその任務を怠った場合には、当該法人に対し、これによって生じた損害を賠償する責任を負います。

なお、当該法人が理事の責任を追及しない場合には、一定の要件のもとで社員自身が理事の責任を追及する訴えを提起することができます。また、当該法人に対する損害賠償責任については、総社員の同意によって免除することや、社員総会特別決議、定款の定めに基づく理事会決議、当該法人と理事との間の責任限定契約（外部理事の場合）によって、その責任の一部を免除させることができます。

**（2）第三者に対する責任**

理事が、故意又は過失によって第三者の権利・利益を違法に侵害したといえる場合には民法上の不法行為責任を負いますが、同責任の成立要件を満たさない場合であっても、第三者を保護する観点から、理事が職務を行うについて悪意又は重大な過失があったときは直接第三者に対して損害賠償責任を負うことがあります。

Q　**理事の報酬等は理事会で自由に決められるのですか？**

A　仮に理事が自らの報酬等を自由に決定できるとすると、不当に高額な報酬等を支給し当該法人の財産が流出する危険がありますので、理事の報酬等は定款又は社員総会の決議によって決める必要があります。

（小室大輔）

# 行政法

## ㊷行政事件訴訟法の平成17年改正について

A「改正行政事件訴訟法が平成17年4月1日から施行されたわけだが、何が変わったのかな？」

B「42年ぶりの大改正と言われているよ。ポイントは大きく分けて4つある。1つ目は救済範囲の拡大だ」

A「たしか行政処分の取消しは『法律上の利益』を有する者に限って提起できる、という規定があったはずだね。原告適格の狭小な解釈により、訴訟の入り口で『門前払い』される例が多いと言われていた」

B「よく知っているね。その条文は行政事件訴訟法9条1項で改正後もかわらないが、9条2項が新設されて、『法律上の利益』の有無を判断するにあたっては、行政処分の根拠となる法令の規定の文言のみによることなく、法令の趣旨・目的も考慮されねばならないとされ、当該法令と目的を共通にする関係法令があるときはその趣旨及び目的をも参酌する、などと明記されたんだ」

A「例えば？」

B「公共事業に係る行政処分に対し取消訴訟を起こす場合、当該事業に係る許認可等に環境への悪影響を考慮要素とする環境影響評価法などが参酌される例があげられる。救済範囲の拡大には『一定の要件のもとで行政庁が処分をすべきことを義務付ける』訴訟類型としての『義務付け訴訟』明文化や、行政庁の処分を事前に差し止める訴訟類型としての『差止訴訟』明文化もある」

A「『救済範囲の拡大』以外のポイントはなんだい？」

B「2つ目のポイントは『審理の充実・促進』だ。裁判所が釈明処分として、行政庁に対し、裁決の記録や処分理由を明らかにする資料提出を求めることができるようになった。3つ目のポイントは『行政訴訟をより利用しやすく、わかりやすく』だ。取消訴訟の被告適格が、処分をした『行政庁』から、当該行政庁の所属する国・公共団体に改められ、国民にとってより簡明で分かりやすくなった。取消訴訟を提起できる期間も、処分または裁決のあったことを知った日から3か月とされていたが、6か月に延長されたんだ。その他、取消訴訟を提起できる処分を行政庁がする場合は、口頭で処分をする場合を除いて、取消訴訟の被告や出訴期間、不服申立前置等に関する情報提供（教示）をする制度が新設された」

A「随分親切になったものだね」

B「4つ目のポイントは『本案判決前の仮の救済制度の整備』だ。行政処分を争い、取消訴訟を提起してもその執行は停止されないことを、執行不停止原則という。しかし、例外的に停止が必要な場合もある一方、行政処分には仮処分が認められていないため、法律で執行停止制度が定められていた。改正後、その執行停止の要件が緩和され、損害の性質のみならず、損害の程度や処分の内容及び性質が適切に考慮されるようになり、表現も『回復の困難な損害』から『重大な損害』にあらためられたことが改正点だ」

（依田修一）

## ㊸パブリックコメントとは？

A「××省のホームページをインターネットで見たら、パブリックコメントというところがあって、ずいぶんいろんなことについて、国民から意見を募集していることにびっくりしたんだ。きみも見たことあるかい？」

B「あるよ」

A「なかに、行政手続法に基づく手続きであるか否か、という欄があって、『任意の意見募集』との表示もあったけれども、『行政手続法に基づく手続』という表示も多くあるんだ。行政手続法にそのような手続が規定されていたのは知らなかったよ」

B「行政手続法自体、平成５年に成立した比較的最近の法律だけれども、このいわゆるパブリックコメント、法律上の表現でいうと『意見公募手続』は、平成17年の法改正によって新たに定められたものなんだ。38条から45条が新設された条文だよ」

A「具体的にはどのような規定が定められたのかい？」

B「まず､38条で一般原則が定められた。命令等を定める機関は、命令等を定めるに当たっては、当該命令等がこれを定める根拠となる法令の趣旨に適合するものになるようにしなければならない、と１項は定めている。この『法令の趣旨に適合する』とは、法令の文言だけではなく、国会での答弁内容等に適合することも含む、といわれている」

A「当然の規定と言えるね」

B「続いて、２項は次のような規定している。すなわち、命令等制定機関は、命令等を定めた後においても、当該命令等の規定の実施状況、社会経済情勢の変化等を勘案し、必要に応じ、当該命令等の内容について検討を加え、その適正を確保するように努めなければならない。『努めなければならない』という表現であるけれども、ひとたび命令等を定めても、それが時代にそぐわないものになれば、たえず見直しをすることが求められるという一般原則を定めた意義は大きいよ」

A「意見公募手続についてはどう規定されているのかい？」

B「命令等制定機関は、命令等を定めようとする場合には、当該命令等の案及びこれに関連する資料をあらかじめ公示し、意見（情報を含む）の提出先及び意見の提出のための期間を定めて広く一般の意見を求めなければならない、と39条1項は規定している。それを受けた39条2項は、1項の規定により公示する命令等の案は、具体的かつ明確な内容のものであって、かつ、当該命令等の題名及び当該命令等を定める根拠となる法令の条項が明示されたものでなければならない、と定めているし、39条3項では、1項の意見提出期間は公示の日から起算して30日以上でなければならない、と定められている」

A「たしかに、パブリックコメント欄を見ると、そのようになっているね」

B「公募した結果については、命令等の公布と同時期に、提出意見や提出意見を考慮した結果及び理由などを公示することになっている（43条）から見てみるといいよ」

（依田修一）

# Ⅱ

# 労働関係

# 人　事

## ㊹採用内定の取消しに伴う法的問題点

Q　**この春就職が決まっていた会社から突然採用内定を取り消されてしまいました。こんなに簡単に内定を取り消すなんて許されるのでしょうか？**

A　それは大変困った状況ですね。

そもそも採用内定については、企業が学生に対し将来従業員として採用する旨の確定的な意思を表示した時点にて、就労の始期を大学卒業直後としそれまでの間内定通知書記載の内定取消事由に基づく解約権を留保する旨の労働契約が成立するものとされています。

このように採用内定がなされた時点で労働契約自体は既に成立している以上、企業の内定取消しは使用者による解雇に該当し、解雇権濫用法理を含め解雇の場合とほぼ同様の厳しい制約を受けることになります。

Q　**それでは、私の内定取消しも解雇権濫用にあたり無効になるのでしょうか？**

A　採用内定に留保されている解約権の行使が適法と認められるのは、取消の理由が留保されている解約権の性質、目的に客観的に照らして合理的で社会的に相当なものに限られます。

Q　**私の場合は経済情勢の悪化が理由とのことでしたので、やはり泣き寝入りするしかないのでしょうね。**

A　必ずしもそうではありません。

確かに、経済情勢の悪化により会社の人員削減の必要が生じたという取消理由は一般的に社会的相当性が認められ易い事情と言えます。

しかし、経済情勢の悪化を理由にすれば何でもかんでも内定取消が適法になるわけではなく、そのような不況の深刻化が採用内定時において果たして予想できないものであったのか、現実に生じた事態が内定取消をもやむを得ない程度のものであるのかを個別に判断することになります。

この場合、経営不振の程度が、既に雇用している従業員の解雇をも為さざるを得ないものであれば内定取消は適法との判断に傾き易いのですが、単なる業績不振で想定していた労働力がいらなくなったという程度であれば相当とは到底言い難いでしょう。

それ以外にも、現従業員に対する希望退職の募集、内定者に対する相当な補償を前提にした上での内定辞退の勧奨等、企業としてでき得る限りの努力をしたか否かも相当性判断の一事情となります。

なお、既に雇用され給料を得て生活を形成している従業員と、労働契約が成立しているとはいえ未だ現実に雇用されておらず給料により生活を形成するには至っていない内定者とでは、立場が異なることから、前者の雇用関係を後者よりも優先することはある程度合理的かつ相当な対応と言い得るでしょう。

上記のような社会的相当性を満たさない恣意的な内定取消であれば、内定取消の無効はもちろん、内定者から企業に対する債務不履行ないし不法行為に基づく損害賠償請求が認められる場合もあります。

（永　滋康）

株
経営
不振
内定取り消し
OKYO3

## ㊺配転命令について

Q　**配転とは何ですか。**

A　配転とは、従業員の職務内容や勤務地が長期間変更されることです。配置転換や転勤がこれに当たります。

Q　**なぜ使用者に配転命令権が認められるのですか。**

A　使用者としては、労働者の能力開発や適正配置、経営効率改善のため、労働者の職務内容や勤務地を変更する必要があるからです。

Q　**使用者には、常に無制限の配転命令権が認められるのですか。**

A　配転命令権の存否やその範囲は、使用者と労働者が締結した労働契約関係によって様々です。

　したがって、常に無制限の配転命令権が使用者に認められるとは言えません。

Q　**では、どのような場合に配転命令権が認められるのですか。**

A　例えば、就業規則で、「業務の都合により出張、配置転換、転勤を命じることがある」などと定められているような場合には使用者に配転命令権が認められます。

　また、労働契約関係は、就業規則のみならず、

①労働協約で配転命令権が定められているか、

②その労働者の専門性に着目して採用したのか、

③職種や勤務地を限定する旨の合意はあったか、

④長期間の雇用が前提であったか、

⑤配転が頻繁に実施される性質の職務か、

など、諸般の事情を考慮して解釈されます。
　したがって、就業規則に配転命令権を定める条項がなかったとしても、配転命令権が認められる余地はあります。

Q　**配転命令権が認められれば、どのような配転命令でも出せるのですか。例えば、労働者を退職に導く意図で転勤を命ずる配転命令は有効でしょうか。**

A　配転命令は、労働者に職業上ないし生活上の不利益を与える可能性を孕んでおり、その権限の濫用は許されません。配転命令の濫用とされた場合には、その配転命令は無効となります。
　配転命令が権限の濫用となるのは、
①業務上の必要性がない場合、
②不当な動機・目的を持ってなされた場合、
③業務上の必要性に比べて、その配転命令が労働者の通常甘受すべき程度を著しく超える不利益を負わせるものである場合、
などです（最高裁昭和61年7月14日判決）。
　なお③に関しては、
(a)　配転の目的や必要性の大きさ、
(b)　労働者の被る職業上、生活上の不利益、
(c)　代償措置の有無、
など、諸般の事情が総合的に考慮されると考えられます。
　そして、労働者を退職に導く意図で転勤を命じる配転命令は、前記②に該当し配転命令権の濫用となりますので、そのような配転命令は無効となります。

（舟木　健）

## ㊻希望退職者の募集と退職勧奨

Q　**会社のリストラの一環として、退職金の上積みをして希望退職者を募集することになったのですが、特定の社員に応募するよう働きかけることは許されるのでしょうか？**

A　希望退職とは、労働者からの退職希望の申入れを使用者が受け入れ､双方の合意により雇用契約を解約するというものです。特定の社員に応募を働きかける（退職勧奨）とは、使用者から雇用契約の解約の申し入れをする、もしくは、労働者の申入れを誘引することにあたります。応募するか否かが労働者の任意･自発的な判断に委ねられているのであれば、そのような働きかけをすることも許されます。しかし、それを超えて、退職を強要する程度となる場合には、違法行為となり許されません。会社が不法行為による損害賠償責任を負うことになりますし、場合によっては退職自体が無効となる可能性もあります。

Q　**どの程度で「強要」となるのでしょうか？**

A　違法と判断された例として、旅館に1日半ほど留め置き退職を働きかけた場合や1回20分から2時間に及ぶ退職勧奨を4か月の間に11回、あるいは5か月の間に13回程度行った場合などがあります。また、面談において「能力がない｣､「他の社員の迷惑｣､「寄生虫」などと大声をあげ、断っているにもかかわらず寮まで赴き面談をした場合に違法と判断されたケースもあります。

**Q　退職して欲しくない人を引き留めるために、会社の承諾が必要とすることはできるのでしょうか？**

A　このような定めを設けると、希望退職に応募したとしても、会社が承諾しない場合には、雇用関係を継続するか、優遇措置の適用を受けずに退職するかを選択せざるを得ないことになります。しかし、希望退職者の募集自体は、労働者の申込を誘引するにとどまるものであり、会社にとって有能な人材の流出を回避する目的自体は不合理とはいえません。また、労働者は従前の雇用条件で働き続けることは可能である以上、会社の承諾にかからしめることも可能であるとされています。

**Q　対象者を勤続年数や職種などにより限定したり、上積み金額に差を設けたりすることは可能ですか？**

A　退職金の上積みは、退職に応じることの対価であり、退職の必要性の度合いにより、勤続年数や職種により対価に差を設けることも不合理とまでは認められません。したがって、応募するか否かが労働者の自由な意思に委ねられている限りは、平等原則に反するとまではいえません。ただし、男女間で差を設けることは、性別による差別を禁止している男女雇用機会均等法に抵触するとの問題が発生すると思われます。

**Q　希望退職者募集が発表される直前に退職届を出した者に退職金の上積みをしなくてもよいのですか？**

A　退職金が上積みされないことを前提に退職の申出をしている以上、上積みをしなければ不当であるとまではいえません。

（柳澤　泰）

## ㊼退職願の撤回は認められるか？

Q　**退職願を提出した社員が退職願の撤回を申し入れてきました。会社としてはこの撤回に応じなければならないのでしょうか？**

A　会社が退職について既に承諾しているのであれば、撤回に応じる必要はありませんが、未だ承諾をしていないのであれば、撤回には応じなければなりません。

退職願の提出は、労働契約を合意により解除することの社員からの申込にあたります。民法上、承諾期間の定のない申込をした場合は、相当な期間を経過するまでは撤回できないとされています。とすれば、相当な期間を経過するまでは撤回できないようにも思われます。しかし、一時的な衝動により提出される退職願も少なくはなく、その反面、労働契約の解除は、社員の生活基盤を失わせる重大な効果を発生させます。そこで、労働契約が継続的な人的結びつきの強い関係であることを考慮して、会社に不測の損害を与えるなど信義則に反すると認められるような特段の事情のない限り、会社が承諾をするまでは退職願を撤回することができると考えられているのです。

Q　**どのような場合に会社が承諾したことになるのでしょうか？**

A　契約の一般法理上、承諾に特別の方式が要求されるわけではありません。したがって、就業規則などで特段の定めがない限り、辞令書や承諾書などの交付が必要とされるわけではありません。

人事部長の慰留を聞き入れず、社員が退職願の用紙に署名捺印して提出した事案について、最高裁は、人事部長による退職願の受理が会社の即時承諾にあたると判断しました。また、会社が退職を承認するとの内部決定をし、これを社員に告知したことが承諾にあたるとした例や退職願が会社の代表者に渡った後、会社から退職届が同社員に手渡されたことをもって承諾を認めた例などがあります。なお、受理をもって会社の承諾があったというためには、受理者が退職についての承認権限を有していることが必要です。

Q　**退職届も退職願と同様の取扱でよいのでしょうか？**

A　言葉の意味からすれば、「退職届」は社員が一方的に労働契約を解除（辞職）する意思表示ですので、「退職願」とは異なります。解除の意思表示は、民法上、相手方の地位を不安定にしないよう撤回ができないとされています。したがって、辞職の意思表示が会社に到達し効力が生じた後は、撤回に応じる必要はありません。

ただし、現実には「退職願」と「退職届」が厳密に区別されているわけではなく、「辞職」の意思表示であるか「合意解約」の申込であるか判然としない場合があります。したがって、表題によって区別することは適切ではありません。一般には、「確定的に雇用契約を終了させる旨の意思が客観的に明らかな場合に限り、辞職の意思表示と解すべきであって、そうでない場合には、雇用契約の合意解約の申込みと解すべきである」とされています。

（柳澤　泰）

# ㊽企業の整理解雇

近時、景気の低迷により経営の合理化又は余剰人員整理のための方策として整理解雇を選択せざるを得ない会社が増加していますが、労働者に与える影響力が強大であることから、その有効性が度々問題とされています。

整理解雇とは、企業の経営が悪化した場合に、余剰人員を削減する目的でなされる解雇のことをいいますが、整理解雇は使用者側の一方的都合により実施される反面、労働者側には一切の帰責性が存在しないため、通常の解雇の場合に比べ、その正当性が厳しくチェックされることになります。

判例上、整理解雇の正当性の有無については、①人員整理の必要性の有無、②解雇回避の努力を尽くしたこと、③解雇対象者の選定基準の公正さ、④労使間の十分な協議の４要件を基本的な基準として判断されています。

**４要件の内容**

**①人員整理の必要性の有無**

整理解雇が有効であるためには、経営の事情により従業員の削減を行う必要性が客観的に存在していることが必要であるところ、ここにいう必要性の程度としては客観的に高度な経営上の必要性があれば足りるとされています。

**②解雇回避の努力を尽くしたこと**

具体的には、使用者側にて整理解雇の実施に先立ち、新規採用及び経費の削減、労働時間短縮、賃金カット、配転、出向、希望退職の募集などの方法により整理解雇を回避する努力を尽くしたことが求められます。このような努力を尽くすことなく漫然と整理解雇が実行された場合、当該解雇は解雇権の濫用により無効と判断される可能性が大きいといえます。

**③解雇対象者の選定基準の公正さ**

従業員の整理解雇を実施すること自体はやむを得ないとしても、解雇される従業員の選定については、客観的かつ合理的な基準を設定した上でこれを公正に適用して決定されなければなりません。

選定基準の具体的内容としては、勤務成績、勤続年数、雇用形態、年齢その他会社への貢献度が挙げられます。

**④労使間の十分な協議**

使用者側が、整理解雇の実施に先立ち、整理解雇の必要性及びその時期、規模、解雇基準などについて、従業員及び労働組合に対し、その納得を得るために十分に説明しさらに誠意をもって協議を重ねたことが必要となります。

今後、整理解雇を実施する場合においては、判例が、近年の長期かつ深刻な経済変動の中においてより多様な人員整理の実施が必要となってきたことを受け、上記４つの事項につき、従来のような不可欠要件ではなく、整理解雇の有効性を判断するための単なる主たる要素に過ぎないものであると解し、当該４要素を含む諸事情を総合的に考慮して解雇の有効性を判断するものとして緩やかな方向に変化している点に留意する必要があります。

（永　滋康）

## ㊾会社が分割されたら社員はどうなる？

「私は、ゼネコンの建設事業部で働いています。今度、会社分割により建設事業部を独立させて新会社を設立することとなりました。会社が分割された場合、当然に私も新会社に移ることになるのでしょうか？新会社に移った場合の待遇はどうなるのでしょうか？」

### 当然新会社に移るのか？

会社のある事業部門を独立させて新会社を設立する会社分割を新設分割といいます。

新設分割を行う場合には、まず、会社が分割計画書を作成します。この分割計画書の中には新会社が引継ぐ雇用契約を記載しなければなりません。したがって、どちらの会社で働くかは、会社の分割計画書への記載によって決められます。建設事業部で働いていたのであれば、新会社に移るケースが多いかと思われますが、当然に新会社に移るというわけではありません。

### 会社側の一存で決められてしまうのか？

会社分割による権利義務の承継は、分割の登記をすることによって法律上当然に生じる、いわゆる包括承継にあたります。したがって、労働契約も、分割計画書の記載に従い個々の従業員の同意なくして承継されることとなります。しかし、従業員の中には、新会社に移りたい人もいれば元の会社にとどまりたい人もいるはずです。会社の一存に全く逆らえないとすれば、従業員に大きな不利益を与えることとなります。そこで、労働契約承継法は、次の場合に従業員の異議申立権を認めています。承継される営業に主として従事している者の労働契約が分割計画書に記載されなかった場合、その者が異議を述べれば労働契約が分割により承継されることとなります。逆に、承継される営業に主として従事していない者の労働契約が分割計画書に記載された場合、その者が異議を述べれば労働契約が分割により承継されないこととなります。すなわち、会社分割後も従前の業務に従事し続けることができる利益を確保しているのです。

したがって、冒頭の質問者の方が分割計画書の記載により新会社に移ることになった場合には、異議を述べて元の会社にとどまることはできません。

### 新会社に移った場合の待遇

会社分割により労働契約の内容はそのまま承継されます。会社側は、会社分割を理由として労働者に不利益な労働条件の変更をすることは認められません。年次有給休暇の日数や退職金額の算定についても、元の会社におけるものが通算されます。

また、社宅の貸与制度、社内住宅融資制度などの福利厚生については、就業規則や労働協約に規定されていればそのまま承継されます。そのままの内容で引継ぐことが困難なものについては、会社は分割後の取扱いについての情報を開示し、協議の上代替措置をとることなどが求められています。

（柳澤　泰）

# 社員に関する問題への対応

## ㊿セクハラ対策のあれこれ

A「今度、総務部に異動になるんだ。会社のセクハラ対策のチェックが急務と聞いている」

B「平成19年4月1日から改正男女雇用機会均等法（改正法）が施行されていることはチェックしておくように」

A「どう変わったんだい」

B「改正法11条によって、事業主は、職場において行われる性的な言動に対して、『労働者の対応により当該労働者がその労働条件につき不利益を受け、又は当該性的な言動により当該労働者の就業環境が害されることのないよう、当該労働者からの相談に応じ、適切に対応するために必要な体制の整備その他の雇用管理上必要な措置を講じなければならない』と定められた。改正前の21条は、『～雇用管理上必要な配慮をしなければならない』と『配慮』という表現だったが、改正によって、雇用主は、必ず講じなければならない義務を負うことになった。また、改正前の『女性労働者』という表現から『女性』という表現が削除され、男性に対するセクハラも対象とされることが明確となった」

A「具体的に会社のセクハラ対策をどのようにチェックしたらよいだろうか」

B「事前対策と事後対策と分けてチェックするべきだ。セクハラが問題となる前に会社内でどのような措置をとっておくべきか、について、①『方針の明確化と周知・啓発』と、②『相談に応じ、適切に対応するために必要な体制の整備』が必要だ」

A「『方針の明確化と周知・啓発』と言ったって、セクハラがいけないことくらい誰でも知っているじゃないか。『明確化』とはどのようにするのかい」

B「就業規則や服務規律を定めた文書、懲戒規定などきちんと明文化されているかチェックしないといけないよ。社内報、パンフレット、社内ホームページなどにも記載しておくべきだし、社内での配布も必要だ。全従業員への周知・啓発のため研修・講習等を実施すべきだね」

A「『方針』というのは、どんなことを記載するのかい」

B「単に、セクハラがあってはならないとだけ記載しても予防効果として不十分だ。セクハラとはなにか、からはじまって、セクハラがあってはならないこと、セクハラをした人には懲戒があること、相談者等のプライバシーは保護されること、相談したこと等を理由として不利益な取り扱いを行ってはならないことなどを明確化して周知する必要がある」

A「事後対策の注意点は？」

B「あらかじめ定められた会社内の相談窓口の担当者や人事部門のほか、弁護士など専門家をいれた対策委員会を準備しておくべきだ。そして、相談者と行為者とされる者の双方から事実関係を迅速・正確に確認する必要がある。事実関係に関して不一致がある場合は第三者からも事実関係を聴取することもある。プライバシーに十分注意して行うことが重要だ」

（依田修一）

## ㊿職場におけるセクシャルハラスメント

近時、セクシャルハラスメント（セクハラ）を理由に、女性労働者が会社を相手に損害賠償請求訴訟を提起する場合が増加しています。過去には、アメリカにおいて、日系自動車会社が、セクハラ訴訟で3400万ドルの和解金を支払ったとの例もありました。

セクハラとは、一般的に「相手方の望まない性的な行為」と説明されますが、平成9年6月に改正された男女雇用機会均等法(平成11年4月1日施行）においても、セクハラに関する規定が設けられました（同法11条1項)。

### 対価型セクハラと環境型セクハラ

職場でのセクハラには、「対価型」と「環境型」があります。

「対価型」とは、職場での性的な言動に対する女性労働者の対応を理由にその女性労働者が労働条件につき不利益を受ける態様のものです。例えば、事業主が女性職員に対して性的な関係を要求したが、拒否されたため、その女性職員を解雇する場合などが挙げられます。

「環境型」とは、職場における性的な言動により、女性労働者の就業環境が害される態様のものです。例えば、事務所内にヌードポスターを掲示しているため、女性職員が苦痛に感じ業務に専念できない場合などが挙げられます。

### 事業主の配慮義務

職場におけるセクハラを防止するため、事業主は、雇用管理上以下のような配慮をすることが必要です。

第1に、セクハラに関する方針を明確化し、社内報やパンフレットの配布、服務規程や就業規則への条項化、研修や講習等を実施するなどして労働者への周知､啓発に配慮しなければなりません。

第２に、セクハラに関する相談・苦情に対応する担当者を定めるなど、窓口を明確化する必要があります。相談・苦情を受けた場合、人事部と連携を取るなどして円滑な対応を図り、あらかじめ作成したマニュアルに基づき対応することが求められます。

第３に、実際にセクハラが生じた場合、事実関係の確認をした上、事案に応じた配置転換及び就業規則に基づく措置を講ずることが必要になります。

以上のような配慮を会社が怠っていた場合、厚生労働大臣などから報告を求められ、助言、指導、勧告をうけることがあります。さらに、セクハラ問題が、昇進、退職、解雇などの問題に発展し、厚生労働大臣の勧告に従わなかった会社は、企業名を公表される場合もあります。民事上の責任についても、職場環境配慮義務違反を理由に会社の損害賠償責任を認めた裁判例も存在します（京都地判平成９・４・17)。

企業としては、リスクマネジメントの一環として、セクハラ問題に積極的に取り組むことが必要となっているといえます。

（柳澤　泰)

## ㊿社員から自己破産していることを告白されたとき上司はどうすればよいか

社員が自己破産手続開始となること自体最近では珍しくなくなりました。

社員から自己破産していることを告白されたときの対処法について考えてみます。

**破産を理由に懲戒解雇することができるか？**

会社の就業規則に名誉・体面・信用の毀損を懲戒事由として掲げていても、社員の個人的な破産により企業秩序を乱すおそれがあるとは言えず、懲戒解雇することは許されないと考えたほうがよいでしょう。

**破産を理由に普通解雇することができるか？**

解雇に合理的理由がなければ解雇権の濫用として解雇無効となります。

破産により社員の労務提供ができなくなる場合や、他職種への配転では雇用本来の目的が達成できないような場合は合理的理由ありと考えられる余地もありますが、基本的には普通解雇も難しいと考えるべきでしょう。

**破産を理由に配転できるか？**

配転とは社員の職務内容や勤務場所が相当長期間にわたり変更されることをいいます。解雇と違い、社員の地位が喪失するわけではなく、①配転を命じる業務上の必要性や合理性が認められ②配転により社員が職業上及び生活上著しい不利益をこうむるものでなければ、配転は比較的認められやすいといえます。

金銭を扱うなど担当業務の具体的状況からして、破産が業務の円滑な運営に懸念を生じさせるような場合は、配転の必要性・合理性が認められるでしょう。

なお、労働契約締結の際に職種や勤務場所が限定されている場合は、配転は制限されますし、また、配転が業務上の必要性とは別個の不当な動機・目的をもってなされた場合（退職に導く意図があった場合など）配転は権利濫用として無効です。

**破産を理由に降格できるか？**

降格には、①懲戒処分としての降格（秩序違反に対する制裁として降格する）と②人事権行使による役職の降格があります。自己破産が企業秩序を乱したとして懲戒事由にあたるかは前述のとおり疑問のあるところです。

他方、人事権の行使として一定の役職を解く降格は、具体的な役職と自己破産による影響に応じて、会社の裁量的判断により、比較的認められやすいといえましょう。勿論、裁量権の濫用は許されません。

**退職をすすめることはできるか？**

社員に退職意思がないのに、任意の意思を尊重せず、社会的相当性を逸脱した半強制・執拗な退職勧奨した場合は、当該社員に対し会社が損害賠償責任を負わねばなりません。

自己破産した社員が、同僚にお金を借りたり保証人になってもらっていることが判明した場合、会社内で紛争が発生することも予想されます。会社としてもトラブルを事前に防止するため具体的状況に応じて事情聴取などできる限りの配慮を尽くすことが要求されます。

（依田修一）

## ㊺従業員による飲酒運転と会社の責任

Q　**昨今、飲酒運転による悲惨な事故が毎日のように報道されており、飲酒運転に対する社会の目は以前とは比べ物にならないくらい厳しくなっています。従業員が飲酒運転をして事故を起こした場合、会社としてはどのような責任を負担しなければならないのでしょうか？**

A　現在の社会情勢の中においては、社会が求める会社が負うべき責任の程度は非常に厳しいものとなっています。

どのような場合に会社が責任を負うかについては、当該自動車が会社所有のものか否か、そして事故が通勤途中を含め業務中に発生したものか否かによって大きく判断が分かれます。

おおざっぱに言えば、従業員がマイカーをレジャー等のプライベート目的で運転して事故を起こした場合においては、会社が責任を問われるおそれはほとんどありません。しかし、それ以外の場合においては、会社は、民法上の使用者責任や自賠責法上の運行供用者責任を負うことになります。

Q　**従業員の飲酒運転を事前に防止するためには会社としてはどのような対策を採る必要がありますか？**

A　まず、会社として飲酒運転を絶対に許さない姿勢を社内において告知する必要がありますが、もちろんこれだけでは不十分です。

このような会社の姿勢を裏付けるものとして、会社として飲酒運転禁止を就業規則に定め、ルールとして明示する必要があります。その際、就業規則には「従業員は、飲酒運転その他会社の名誉、信用を害する一切の行為をしてはならない。」旨明確に定めたうえで、規律に違反した者に対する解雇を含む厳格な懲戒規程についても併せて定めておくべきでしょう。

但し、飲酒運転で事故を起こしたとしても、事故が報道されず、会社の社会的評価が現実に毀損されなかったような場合においては、当該懲戒解雇処分が解雇権濫用に当たり無効とされる可能性があるので注意する必要があります。

つまり、従業員の飲酒運転については、就業規則上懲戒解雇の対象にしつつも、従業員の情状によっては、減給または出勤停止等の軽い処分を課すなど、柔軟な懲戒権の行使が求められるのです。

Q　**会社から一歩外に出れば何が起きても従業員の個人責任であり、飲酒運転についても従業員の個人的な問題であって会社は一切責任を負わないというような前近代的な考え方はもはや社会では通用しないということですね。**

A　そのとおりです。従業員の飲酒運転がマスコミ報道されることにより会社の信頼が失われた場合、これを回復するには莫大な費用と時間を費やさなければなりません。

従業員への啓発や就業規則の改正などにより対策を講じ、遵法精神の高い従業員を育成していくことは、企業の社会的責任（ＣＳＲ）を全うすることにもつながっていくのです。

（永　滋康）

(株)○○○
OKYO3

## ㊺社員に対する損害賠償

A「社員が仕事中にミスをして会社や第三者に損害を与えた場合、使用者は、社員に対して損害賠償請求をすることができるのだろうか」

B「できるよ。社員は、会社に対して労働契約の労務提供義務や付随義務を負っているから、そうした義務に違反すれば、社員は使用者に対して債務不履行に基づく損害賠償責任を負うことになるんだ。また、社員の行為が不法行為であれば、民法709条の不法行為に基づく損害賠償責任を請求できる」

A「第三者に損害を与えた場合はどうなるのかい？」

B「損害を被った第三者が、使用者に対し使用者責任を請求し認められる場合がある。使用者がこの賠償を第三者に履行した場合、その求償を使用者が社員に行うことができる」

A「社員の仕事中のミスで損害が発生したのだからね。その社員が責任を全額負担しなければならないわけだね？」

B「いや、必ずしもそうは言えないよ。社員は、そもそも使用者の指揮命令下で労働をするのであって、この過程でミスをしたから全て社員の個人責任といえるか、会社にも責任の一端があるのではないか。見方をかえれば、社員のミスは遂行する業務に内在しているともいえるし、社員のわずかなミスで発生する損害額が膨大となれば社員にとって過酷すぎるのではないか。また、社員の労働によって経済的利益を得ているのは使用者であり、利益を得るものが損失も分担することが公平だともいえる。そのような考えから、裁判例でも信義則に基づいて社員の責任が制限される法理がみられるんだ」

A「損害の全額を社員に請求しても、全部認められるわけでないということか」

B「そうだよ。使用者側のリスク管理の不十分さなどを理由に、社員に対する賠償請求や求償請求を認めなかった裁判例もある。また、社員に重大な過失が認められるケースでも、同情すべき事情や会社側の非を考慮して責任を軽減した裁判例もある。他方、社員が、犯罪をおかしたり、故意に損害を発生させた場合は社員に全額負担させる裁判例が多い」

A「社員への賠償が制限される対策として、使用者側は、違約金をあらかじめ定めておくとよいのかな」

B「労働基準法16条は『使用者は、労働契約の不履行について違約金を定め、又は損害賠償額を予定する契約をしてはならない』と規定しているから、そのような定めは認められない。使用者としては、社員のミスで多額の損害が発生しないような仕組みを構築しておくことの方が重要だと思うよ」

（依田修一）

## ⑤⑤会社は社用車の管理も徹底的に！

Q　**会社所有の自動車を私用で運転していた者が人身事故を起こした場合、会社自体も被害者に対して損害賠償責任を負うのでしょうか？**

A　運転手の個人的な不注意が原因で交通事故が起こった場合、過失のない会社は責任を負わないかにも思われます。しかし、自動車損害賠償保障法（自賠法）３条は「自己のために自動車を運行の用に供する」（運行供用）者にも人身損害についての賠償責任を負わせています。運行供用の例としては、会社が社員に社用車を使って業務を行わせる場合が挙げられます。したがって、宅配便業者の社員が社用車で配送中に人身事故を起こした場合には、宅配業者自体が被害者に損害賠償をしなければなりません。

質問のような私用運転の場合も運行供用といえるのでしょうか。「運行供用」とは、運行を支配し、運行による利益が帰属している状態をいいます。この運行支配は現実に支配を及ぼしていなくてもその可能性があれば認められ、運行利益は具体的な利益がなくても外形的に利益が帰属しうるような状態であれば認められるとされています。したがって、社員が社用車で通勤しており、そのことを会社が黙認しているような場合には、会社は、社用車を通勤に使用していることを把握していたのですから、途中でおこした人身事故についても賠償責任を負うことになります。

また、社員が無断で社用車を使って旅行に行った際に起こした事故についても、会社と社員との間には雇用関係が存在しており、一般的な支配可能性は認められますので、会社が責任を負うのが原則です。ただし、社員が夜中に会社の駐車場に忍び込み、鍵を壊して無断運転をしたような場合には、例え社員といえども一般的な支配可能性を逸脱しており、会社が責任を負うことはないと考えられます。

それでは、社員以外の者が勝手に社用車を運転した場合はどうでしょうか。社員以外の者であっても、雇用関係に類するような関係がある場合には会社の責任が認められます。例えば、元社員がしばしば会社に出入していた場合、退職して間もない者の場合、社員が無断で第三者に社用車を貸与した場合には、会社の支配可能性を認め、会社の責任を肯定した判例があります。

さらに近時の判例は、社用車を盗んだ者が事故を起こした場合（いわゆる泥棒運転）であっても、保管上の瑕疵や過失が認められる場合には、客観的に見て会社が第三者による運転を容認していたと評価することができるとして、運行供用者として会社の責任を肯定する傾向にあります。容認していたか否かは、総合的に事情を考慮して判断されますが、第三者が頻繁に通行・出入するような駐車場であるか、駐車時間、鍵がつけっ放しか否か、ロックしてあるか否か、盗難後事故までの時間、盗難場所と事故現場までの距離などが重要な判断材料となります。

このように、盗難された社用車の事故についても、場合によっては会社が責任を負うことになるため、会社としては普段から、管理規則を作成し、使用状況や鍵の管理を厳重にしておく必要があります。

（柳澤　泰）

## ㊻社員は会社からの出向命令に従わなければならないか？　～最高裁の判断～

### 出向とは

会社での人事異動のうち、使用者が労働者に対し、会社内における職種・労働の態様・勤務場所の変更を命じるものを配転命令というのに対し、別会社への人事異動を一般的に出向といいます。出向には、出向元の従業員のままでいる在籍出向と元の会社との労働契約を解消して新たに出向先と契約を結ぶ転籍出向とがあります。以前は、管理職や幹部候補生を対象に子会社や関連企業への経営や技術指導、従業員の能力開発のために行われるものが多く見られましたが、最近では、経済情勢を反映して、雇用調整や人員整理の手段として用いられるケースが多く見られます。

### 社員の同意は必要か

在籍出向にせよ転籍出向にせよ、労務提供の相手方が変わったり、それまでの労働契約を終了させて新たな契約を締結したりすることになるため、原則として従業員の同意が必要であるとされています。ただし、一口に同意が必要といっても、労働契約や就業規則であらかじめ包括的に定められている場合でもよいか、個別具体的な同意まで必要かが問題となります。近時の判例では、在籍出向であるか転籍出向であるか、出向先が元の会社とどのような関係にあるか、出向の目的や出向先での労働条件などの具体的事情を検討して、どの程度の同意が必要であるかを判断しています。

## 最高裁判例

平成15年4月18日、最高裁で、個別の同意なしに在籍出向を命ずることができるとの判決が下されました。製鉄会社が輸送業務のうち鉄道輸送部門の一定業務を協力会社に業務委託することに伴い、委託される業務に従事していた従業員に対する協力会社への在籍出向の命令が有効であるか争われた事案です。判決では、就業規則及び労働協約中に「業務上の必要により社外勤務をさせることがある」という規定が存在すること、出向命令が在籍出向であること、業務内容や勤務場所に変更がないこと、出向中の社員の地位、賃金、退職金、各種出向手当、昇格・昇給などの査定やその他の処遇に関して出向者の利益に配慮していることなどが理由として指摘されています。

## リストラを目的とした転籍出向

リストラを目的とした出向については、会社の業績が悪いことを理由として行われる整理解雇に類似する側面が見られます。整理解雇については、人員整理の必要性、解雇回避努力の有無やその内容、説明や協議が十分なされたかなど厳しい要件が必要とされることから、リストラ目的の出向についても同じような要件の検討が必要となると考えられています。また、転籍出向は、元の会社との契約関係が消滅し、労働条件などの点で従業員に対して与える影響は大きいといえます。したがって、リストラを目的とする転籍出向については、個別的かつ具体的な同意が必要であると考えられます。

（柳澤　泰）

## ㊼転勤命令に従わない従業員を懲戒解雇することができるか

**Q　当社の就業規則には、「会社は、業務上の都合により転勤を命じることができる」との定めがあります。ある従業員に神戸から名古屋への転勤を命じたところ、単身赴任となってしまうので転勤したくないとの回答が返ってきました。そもそも、会社は従業員に転勤を命じる権限を持っているのでしょうか？**

A　就業規則は、その内容が合理的なものであれば、会社と従業員の労働契約の内容になります。会社としては、営業や経営上、従業員を転勤させる必要も生じてくるでしょうから、就業規則の定めがあれば、転勤命令を受け入れる合意が成立していると考えられます。したがって、御社の場合、個別の同意を得ることなく転勤を命じる権限を有しており、従業員はその命令に従わなければなりません。ただし、就業規則に定めがあったとしても、特にその従業員との間で「勤務地は神戸に限る」との合意が成立しているような場合は、神戸以外へ転勤を命じることはできません。

**Q　当社の就業規則には、懲戒解雇事由として「業務命令に反した場合」を明記しているので、転勤命令に従わない従業員を懲戒解雇することも問題はないわけですね。**

A　いかなる場合でも、転勤命令が有効というわけではありません。最高裁判例でも、特に転居を伴う転勤は、従業員の生活に少なからぬ影響を与えるので、転勤命令は無制約に行使することができるものではなく、濫用することは許されないとしています。

　濫用にあたらなければ、命令の拒否は懲戒解雇事由となりますが、解雇の前に十分な説明や説得をすることは必要となります。

**Q　どのような場合に「濫用」となってしまうのでしょうか？。**

A「まず、①業務上の必要性のない場合があげられます。必要性の程度については、他の人には代え難いといった高度の必要性までなくても、労働力の適性配置、業務の能率増進、労働者の能力開発、勤務意欲の高揚、業務運営の円滑化など企業の合理的運営に寄与する点が認められる程度で足りるとされています。

また、②他の不当な動機・目的をもってなされた場合も濫用にあたります。例えば、労働組合を弱体化させる目的で組合幹部を遠隔地へ転勤させるといった場合です。

そして、③従業員に通常甘受すべき程度を著しく超える不利益を負わせる場合も濫用となるとされています。

**Q　転勤を拒んでいる従業員は、年老いた母と同居しており、その面倒を看なければならないと言っているのですが、このような場合、転勤を命じることは、③の場合にあたらないのでしょうか？**

A　前述の最高裁判例も、高齢の母、パートに出ている妻、２歳の娘と同居している事案でしたが、母親は食事の用意や買物ができるくらい元気であったこともあり、転勤は通常甘受すべき程度のものであるとして、濫用にはあたらないと判断しました。しかし、家族の中に障害者や病人などの要介護者がいて、その従業員自ら介護や世話をしなければならないような状況にある場合には、その従業員に対する転勤命令は通常甘受すべき程度を超えるものと考えられます。

（柳澤　泰）

## ㊽行方不明中の従業員を解雇できるか

Q　**弊社の従業員が突然失踪してしまい、もう１か月も会社に出勤してきません。本人のマンションまで確認しに行ったのですがいる気配はなく、実家の両親に連絡してもどこに行ったか分からないと言うだけで全く所在が掴めません。弊社としては、このままでは業務に支障を来たすので何とか解雇したいのですが、その際に何か注意するべきポイントはありますか？**

A　ご相談のような場合においては、従業員本人の退職の意思が不明であるため、会社としてはその処遇について非常に困るところです。

特に、欠勤中の賃金につき減額措置を行っていない会社の場合、通常どおりの賃金が発生してしまうため、会社の負担は無視できないものとなってしまいます。

この点、会社の寮から荷物をまとめて蒸発したというようなケースであれば、当該会社で働く意思がないことを態度で表明したとして黙示の退職の意思表示があったものとして取り扱うことができます。

しかし、寮の荷物はそのままにして単に蒸発して行方不明になったというケースにおいては、本人の退職の意思を推認することは難しく、同様に扱うことはできません。

そこで、後者のケースにおいては、就業規則の懲戒規定に定められている無断欠勤などを理由として解雇することになりますが、解雇の場合においては、会社による解雇の意思表示が相手方に到達しない限りその効力は生じません。そして、今回のように行方不明中で相手がどこにいるのか分からないという状況においては、「公示による意思表示」をする必要があり、裁判所に公示送達の申立てをしなければなりません。

**Q　従業員の家族とは連絡がとれるので、家族から退職願を提出してもらえそうなのですが。**

A　従業員との雇用契約は会社と本人との間で締結されるため、家族とはいえ第三者が提出した退職願には何ら法的効果はありません。

**Q　でも、公示送達では時間と費用がかかってしまいますよね。他に何か方法はないのでしょうか？**

A　事前の対策としては、会社の就業規則で「行方不明による欠勤が60日に及び、なお所在不明である場合、その翌日をもって自然退職とする」等と定めておけば良いでしょう。

自然退職と看做されるまでの日数についても、30日から60日程度であれば合理的な期間として認められる傾向にあるようです。

会社としては、行方不明の従業員に対し、「○月×日までに連絡がない場合、同日をもって退職したものと扱います」といった内容の通知文を出して退職扱いにしたいところでしょうが、このような扱いをするためには上述のような無断欠勤が自然退職事由に該当する旨の就業規則を整備しておく必要があるのです。

（永　滋康）

## ㊾企業のメンタルヘルス対策

Q　**最近、企業のメンタルヘルス対策が社会的に問題になっていますが、どうしてなのでしょうか？**

A　近年、多くの企業では、成果主義の導入をはじめ、長時間労働、パワーハラスメント、リストラ等現場で働く従業員にとって非常に多くのストレスがあふれており、これらストレスを原因に「うつ」などの心の疾患を抱える従業員が急増しているのが現状です。

従来であれば、このような心の病については「根性がない」「個人の健康管理がなっていない」など従業員個人の責任問題として切り捨てられてきました。しかし、「心の健康」に関する社会の関心が高まり、その重要性が再認識されつつある現在においては、そのような企業の無責任な自己責任論はもはや通用しないものとなっています。

そこで、現在においては、大企業か否かを問わずすべての企業において適切なメンタルヘルス対策の導入が求められているのです。

Q　**企業としては、具体的にどのような対策をすれば良いのでしょうか？**

A　これについては、厚生労働省による指針が出されており、それによれば、

①労働者自身がストレスや心の健康について理解し、自らのストレスを予防・軽減あるいはこれに対処する「セルフケア」

②労働者と日常的に接する管理監督者が、心の健康に関して職場環境等の改善や労働者に対する相談対応を行う「ライ

ンによるケア」

③事業場内の健康管理の担当者が、事業場の心の健康づくり対策の提言を行うとともにその推進を担い、また、労働者及び管理監督者を支援する「事業場内産業保健スタッフ等によるケア」

④事業場外の機関または専門家を活用し、その支援を受ける「事業場外資源によるケア」

による4段階のケアを継続的かつ計画的に行うことが重要であるとされています。

Q　**しかし、多額の費用をかけてメンタルヘルス対策をすることについて、企業にとってどのようなメリットがあるのでしょうか？**

A　確かにメンタルヘルス対策には多くの費用がかかると言われています。しかし、優秀な人材維持はもちろんのこと、生産性の向上、製品・サービスの品質向上、労働日数損失の低下、労災認定や訴訟による企業の社会的信用失墜の防止など、メンタルヘルス対策によって企業が得られる経済的効果は決して小さなものではありません。

Q　**ただ、どこから手をつけていけば良いのか検討もつかないのですが。**

A　何も全ての準備が整ってから対策を始める必要はありません。まずは現状にてできるところから始めて各従業員のメンタルヘルスの状況を把握し、その上で対策を練り直して行けば良いのです。大切な従業員の健康を守るためにはそのような積極的かつスピーディな姿勢が何よりも大切なのです。

（永　滋康）

メンタルヘルス対策
ストレス
ストレス
OKYO3

## ⑥⓪従業員の私用メールのチェックについて

**Q　勤務時間中に会社から貸与されているパソコンを使用して私的にメールをしている従業員がいるのですが、どのように対処したら良いでしょうか。会社が従業員本人のパソコンを直接チェックしても問題ないでしょうか？**

A　従業員は、会社との間で締結されている労働契約に付随する義務として、勤務時間中は誠実に職務を遂行することに専念する義務（職務専念義務）を負っています。

このことから、従業員が就業時間中に私用メールを送受信することは許されません。

また、会社は、秩序維持権や施設管理権に基づき、会社の所有する備品がどのように使用されているのかについてチェックする権限を当然に有しています。加えて、私的メールの送受信により企業秘密漏洩やコンピュータウィルスの感染などで会社が甚大な損害を被ることを事前に防止する必要があることから考えるに、従業員に対するメールチェックはもはや会社のコンプライアンス上の重要な項目のひとつといえるでしょう。

**Q　しかし、従業員の私的メールを勝手にみることは当該従業員のプライバシー権を侵害することにはなりませんか？**

A　もちろん従業員のメールを何の制限もなく無断でチェックすることは当該従業員のプライバシーを侵害するものですから許されません。会社のコンプライアンスのためとはいえ、個々の従業員のプライバシーを無視しても良いなどということにはならないのです。「自分は上司だから当然に部下のメールをチェックできるだろう」といった不用意な考えは禁物です。

会社としては、従業員のメール内容をチェックするに当たっては、個々の従業員のプライバシーに対して十分に配慮しなければならないのです。

これを見誤ると従業員から不法行為責任を追及されるおそれもあるので注意が必要です。

**Q　具体的にはどのような点に注意すれば良いのでしょうか？**

A　まず、メールをチェックするに先立ち、就業規則やパソコン管理規程等の社内規程によりルールを整備し、メールチェックの目的やその具体的手続について明示しておく必要があります。

次に、当該ルールを個々の従業員に事前告知し、その内容を周知させておく必要があります。

なお、この点に関しては、判例も「監視の目的、手段及びその態様を総合考慮し、監視される側に生じた不利益とを比較衡量の上、社会通念上相当な範囲を逸脱した監視がなされた場合に限り、プライバシー権の侵害になる」と判断しているところです。

会社としては、個々の従業員をして、「会社のパソコンは会社の所有物であり、そこでのメールの送受信はあくまで業務に必要な範囲に限られる」との認識を周知徹底させる必要があるでしょう。

（永　滋康）

# ⑥1会社のeメールチェックと社員のプライバシー
## 〜東京地裁の裁判例〜

最近では、ほとんどの会社が社員にeメールアドレスを与え、取引先との連絡などにeメールが頻繁に利用されています。ただし、これに伴い、会社のパソコンを利用した私的メールが横行し、従業員の職務専念義務違反の問題だけでなく、メールを利用した企業秘密の流出や会社や他の社員に対する誹謗中傷といった問題が生じていることも事実です。今回は、私用メールをチェックするための会社の個人データ閲覧が社員のプライバシー侵害とならないかが争われた2つの判例を紹介します。

**【東京地裁・平成13年12月3日判決】**

**事案**

女性社員Xは、再三飲食に誘う上司Yを非難する内容のメールを夫に送ろうとして誤ってYに送ってしまった。Yはメールの管理担当部署に、X宛のメールをYに自動転送するよう依頼し、Xのメールを監視した。Xはプライバシー侵害を理由としてYに損害賠償を請求。

**判決概要**

請求棄却。私用メールは、職務の妨げにならず、会社の経済的負担も極めて軽微なものである場合には社会通念上許容され、その内容もプライバシーとして保護される。しかし、本件の場合は私的使用が限度を超えており、保護されるプライバシー権の程度は私用電話の場合よりも相当程度軽減される。本件メール利用状況のもとでは、社会通念上相当な範囲を逸脱した監視がなされたとはいえない。

**【東京地裁・平成14年2月26日判決】**

**事案**

社内システム委員のYは、他の社員に中傷メールを送信している疑いのあったXのメールを調査し、その過程で発見された私用メールを印刷して他の委員や社長に閲覧させた。Xは、Yの個人データ閲覧がプライバシーの侵害であると主張して損害賠償を請求。

**判決概要**

請求棄却。会社は企業秩序を維持するために必要な調査を社会的に許容される態様で行うことができる。本件では、①中傷メールの犯人がXである可能性が高く、Xのメール内容を点検する必要がある。②私用メールは企業秩序違反行為であり、多数の私用メールの存在が明らかになった以上、これを調査する必要がある。③会社が所有管理するサーバー上の調査は、社会的に許容される範囲内である。

これら2つの判決は、社員の私用メールの頻度や会社の企業秩序維持権限を理由として、私用メールの閲覧は社員のプライバシーを侵害するものではないと判断していますが、場合によってはプライバシー侵害となる余地を認めています。企業としては、メールチェックがプライバシー侵害とならないよう、①限度を超えた私用メールをチェックする目的でメールを閲覧する場合もあることを就業規則、社内通知であらかじめ社員に告知する、②閲覧手続を社内規則などで明確化し、閲覧権限者を明らかにしておく（当事者と業務上の接触、利害関係のない者とする）などの措置を講じておくことが重要です。前記平成13年判決の事例では、問題を指摘されていた直属の上司がメールを閲覧していたとの点で妥当性に疑問が残ると思われます。

（柳澤　泰）

## ⑹改めて裁判員裁判制度を考える

**Q　ついに裁判員裁判制度がスタートしたそうですね。**

A　裁判員の参加する刑事裁判に関する法律（裁判員法）が、平成21年5月21日から施行されています。

**Q　私のところには、裁判員の候補者となったことを知らせる通知は来ていませんが、候補者になる確率はどれくらいなのでしょうか？**

A　地域ごとに異なりますが、平成21年度でみると、全国平均で約350人に1人の確率で選ばれる計算になります。

**Q　なるほど。もし裁判員として裁判に参加することになった場合、会社を休むことはできますか。**

A　はい。裁判員の職務は「公の職務」（労働基準法第7条）にあたると解されており、会社は従業員が裁判員として裁判に参加するために休みを取ることを拒否することはできません。

**Q　でも、解雇されたりしないか心配です。**

A　会社が解雇などの不利益な扱いをすることは法律で禁止されています。

**Q　では、休みを取った場合、有給休暇となるのでしょうか？**

A　裁判員の仕事に従事するための休暇制度を設けることは義務付けられていませんので、各企業の判断に任されています。ご自身の会社の制度がどうなっているかを確認して下さい。なお、裁判所から、交通費と日当（裁判員については1日あたり1万円以内）が支払われます。

Q　**仕事が忙しいので、できれば裁判員となることを辞退したいのですが。**

A　単に仕事が忙しいというだけでは、辞退することは難しいです。法律では、従事している事業における重要な用務であって自らがこれを処理しなければ当該事業に著しい損害が生じるおそれがある場合には辞退できるものとされています。

Q　**わかりにくいですね。具体的にはどんな場合でしょう。**

A　自分で処理しないと会社に大きな損害を生じさせる商談がある場合等代替性がなく裁判員の職務を行うことで会社に大きな損害を生じる可能性がある場合といえます。ただ、最終的にはケースごとに裁判所が判断することになります。

Q　**裁判員は、裁判の内容をしゃべってはいけないと聞いたのですが。**

A　裁判員や裁判員であった人には、法律で秘密を守る義務（守秘義務）が課されています。この義務に違反して秘密を漏らした場合、最高で6か月の懲役刑に処されることがあります。

Q　**一切の内容を話すことが禁じられるのですか？**

A　対象になるのは、評議の秘密や評議以外の裁判員としての職務を行うに際して知った秘密です。例えば、裁判員や裁判官がどのような意見を述べたかや、事件関係者のプライバシーに関する事項などが挙げられます。

（内橋　徹）

## ⑬新型インフルエンザに関する法律問題

A「新型インフルエンザの症状を訴えている社員が出社しようとしています。この社員の出社を拒否してもいいでしょうか？」

B「就業規則に、社員が感染のおそれのある病気を患った際の就業禁止の規定が存在する場合には、その規定に基づき出社を拒否することができます。そのような規定がなかったとしても、業務命令で出社を拒否することが可能です。もっとも、出社を拒否する前に、その社員から症状を確認し、その結果を踏まえて、産業医や専門の医師に、出社を拒否すべきか意見を聞かなければなりません。出社を拒否した場合、社員には自宅勤務はさせずに、休業させ、療養に専念させてください」

A「出社を拒否した場合、当社に給料の支払義務はあるのでしょうか？」

B「あなたの会社が新型インフルエンザ対策を十分に実施していなかったために社員が新型インフルエンザにかかってしまったような場合（出社拒否が『使用者の責に帰すべき事由』に基づく場合）には、原則として給料の全額を支払う義務が生じます。この場合でも、就業規則に会社都合による休業の際に支給する賃金を100％より低くする規程があれば、その規程に基づいて賃金の一部を支払わないことができますが、労働基準法26条により、平均賃金の6割以上の賃金は必ず支払わなければならないことになります。一方で、あなたの会社が新型インフルエンザ対策を十分に実施していたにもかかわらず、社員が不注意により新型インフルエンザにかかってしまったような場合（出社拒否が『労働者の責に帰すべき事由』に基づく場合）には、あなたの会社に給料の支払義務は生じません」

A「新型インフルエンザの症状を訴える社員が出たことで、感染リスクを理由に出社を拒否する他の社員が現れた場合、その社員に出社を命じることはできますか」

B「あなたの会社が新型インフルエンザの蔓延を防止する措置を十分に実施しているのであれば、業務命令として出社を命じることができます。もっとも、新型インフルエンザの蔓延を防止する措置を十分に実施できていないにもかかわらず、出社の業務命令を発してしまい、その結果、その社員が会社で新型インフルエンザに感染してしまった場合には、あなたの会社がその社員に対して損害賠償義務を負うことになる可能性がありますので、注意が必要です」

A「出社命令を無視した社員に対して解雇等の懲戒処分をすることはできますか」

B「あなたの会社が新型インフルエンザの蔓延を防止する措置を十分に実施している場合には、懲戒処分も可能だと思います。しかし、その社員が感染リスクを気にすることもやむを得ない部分があるので、解雇等の重い処分を課すことは難しいと思います」

（山越真人）

# 福　祉

## ㊿女性雇用上の留意点は雇用機会均等法で適切な労働環境を

事業主の皆様は、次の求人広告例のうち、雇用機会均等法の趣旨に反する、悪い例はどれだと思われますか。

①経理事務（男性38歳まで､女性25歳まで）②男女事務員（女性は自宅通勤者優先）③男性幹部社員④男女社員10人募集（うち男性は7名以上）⑤プログラマー（女性は経験者歓迎）⑥添乗員（女性歓迎）⑦販売スタッフ（女性向きの仕事）⑧大卒男性80名、大卒女性20名。

これらはいずれも求人広告として望ましくない例とされています（厚生労働省告示参照）。

（男女）雇用機会均等法は、事業主に対し、募集・採用、配置・昇進・教育訓練、住宅資金の貸し付けその他の福利厚生、定年・解雇など、雇用管理のいろいろな局面で、労働者が性別を理由として､男性と差別的取り扱いをしてはならないと定めています(賃金の男女同一原則は労働基準法4条に規定があります)。

先にあげた求人広告は、いずれも差別的取り扱いに当たるというわけです。求人広告のみならず、求人の内容の説明、募集または採用に係る情報の提供、面接や採用試験などにおいて、女性に対して男性と異なる取り扱いをすることも認められません。

いわゆるセクシャルハラスメントも、雇用機会均等法に規定があります。同法11条の「事業主は、職場において行われる性的な言動に対するその雇用する労働者の対応により当該労働者がその労働条件につき不利益を受け、又は当該性的な言動により当該労働者の就業環境が害されることのないよう、当該労働者からの相談に応じ、適切に対応する為に必要な体制の整備その他の雇用管理上必要な措置を講じなければならない」のです。

事業主としては、セクハラを予防する環境を整え、万が一起これば、適切に対応する義務があります。これに違反して放置すれば、裁判で法的責任を問われます。ですから、セクハラを防止し、適切に対応するため、社内通達や就業規則に規定したり、相談・苦情窓口を設置したり、意識改革・啓発のために管理職研修を実施したりするなど、各社さまざまな方策を取り組んでいます。

### 差別禁止から積極的な改善措置を求める流れへ

さらに、よく話題となっているのがポジティブ・アクションです。これは、差別的取り扱いを禁止するだけでは依然としてなくならない男女間格差を解消するため、自主的かつ積極的な措置を講ずることを事業主に期待し、その事業主が改善を講じようとするときは国が援助できるというものです（同法14条）。

男女差別をやめない事業主に対しては、厚生労働大臣による指導、勧告を受けることもあり勧告に従わない場合は、企業名を公表されることもあります（同法29条、30条）。

適切な労働環境が確保されているか、改めて意識的に再検討してみる必要があります。

（依田修一）

# ㊿高年齢者雇用安定法平成 16 年改正
## ～企業は高齢者をどう雇用するか～

### 高年齢者雇用安定法の平成 16 年改正の趣旨

日本は現在、少子高齢化が急速に進展しています。今後労働力人口の減少が見込まれるなかで、経済社会の活力を維持するためには、少なくとも、年金支給開始年齢までは、意欲と能力のある限り働き続けることができる環境整備が必要です。以上の背景から、高年齢者等の雇用の安定等に関する法律が平成 16 年に改正され、65 歳までの雇用確保措置の導入が事業者の義務となったほか、高年齢者の再就職促進等を図る措置が定められました。

### 高年齢者雇用確保措置について

平成 16 年改正によって、65 歳未満の定年の定めをしている事業主は、65 歳までの安定した雇用を確保するため、

①定年引上げ

②継続雇用制度の導入

③定年の定めの廃止

のいずれかの措置を講じなければならなくなりました。

### 継続雇用制度

現に雇用している高年齢者が希望しているときは、その高年齢者を定年後も引き続いて雇用する制度のことを継続雇用制度といいます。定年の定めの廃止や引上げと異なり、定年の定め自体は従前のままです。

この制度には、

①定年年齢が設定されたまま、その定年年齢に到達した者を退

職させることなく引き続き雇用する「勤務延長制度」と

②定年年齢に達した者を一旦退職させた後、再び雇用する「再雇用制度」の２つの制度があります。両者は、保険や年金、退職金などの取扱いに違いがでます。

なお、継続雇用制度とは、事業主に定年退職者の希望に合致した職種・労働条件での雇用を義務付けるものではありません。改正趣旨を踏まえた内容であれば、短時間勤務や隔日勤務制度も含みます。

**継続雇用制度の対象者に係る基準**

継続雇用制度の対象となる高年齢者に関する基準を労使協定により定めたときは、希望者全員を対象としない制度とすることも可能です。また、改正高年齢者雇用安定法は、事業主が、上記労使協定をするため努力したにもかかわらず協議が不調に終ったときは、労使協定ではなく就業規則その他これに準ずるものにより基準を定めることができるとしており、その期限は、中小企業（常時雇用する労働者の数が３人以下の企業をいいます）は平成 23 年３月 31 日まで（大企業は平成 21 年３月 31 日まで）としています。

**望ましい基準**

上記基準は、必要とされる能力等が客観的に示されており、該当可能性を予見でき、具体性があることが望まれます。

例えば、人事考課の平均が○以上であること、過去○年間の出勤率○パーセント以上の者、定年退職○年前の時点で、体力について適切と認められる者、などの基準は妥当と考えられますが、上司の推薦がある者に限る、などは、基準がないことに等しく、これのみでは趣旨に反するおそれがあります。

（依田修一）

## ⑯育児・介護休業法改正と少子化問題の関係

### 育児・介護休業法の改正

少子化の進行は大きな社会問題となっております。少子化の背景としては、仕事と子育ての両立の負担感が大きいことも一因としてあげられます。少子化の流れをかえるためには、働きながら子供を産み、育てやすい雇用環境を整備することが必要であり、社会経済の活力維持という点でも重要かつ緊急の課題となっています。

仕事と子育ての両立支援などを一層進めるため、男女ともに子育て等をしながら働き続けることができる雇用環境を整備できるよう育児・介護休業法の一部が改正されました。一部の規定を除き、平成22年6月30日から施行されます。

### 短時間勤務制度導入の義務づけなど

３歳までの子供を養育する労働者が希望すれば利用できる短時間勤務制度（１日６時間程度）を設けることが事業主の義務になりました。また、同じく３歳までの子供を養育する労働者が、請求すれば、所定外労働（残業）を免除しなければならなくなりました。

子供が病気の時の看護休暇制度も拡充されました。これまでは、小学校就学前の子供がいれば一律で年５日間だった看護休暇取得可能日数が、就学前の子供が１人であれば年５日間・２人以上であれば年10日間とることができるようになりました。

### 父親の育児休業の取得促進

これまで、父も母も、育児休業は「子が１歳に達するまでの１

年間」取得可能でした。

しかし、母（父）が育児休業を終え、仕事に復帰する直後は特に大変な時期であり、父母が協力して子育てができることが望ましいわけです。そこで法改正により、父母ともに育児休業を取得する場合、休業可能期間を1歳2か月に達するまでとし、2カ月分はプラス分として延長されました。

また、これまでは、育児休業を取得した場合、配偶者の死亡等の特別な事情がない限り、再度の取得は不可能でしたが、改正により、配偶者の出産後8週間以内の期間内に、父親が育児休業を取得した場合には、特別な事情がなくても、再度の取得が可能となりました。

さらに、労使協定を定めることにより、配偶者が専業主婦（夫）や育児休業中である場合等の労働者からの育児休業申出を拒める制度がありましたが、その制度は廃止され、すべての労働者が育児休業を取得できるようになりました。

**法の実行性の確保**

育児休業の取得等に伴う労使間の紛争等について、都道府県労働局長による紛争解決の援助・調停委員による調停制度が設けられました。

また、法違反に対する勧告に従わない企業名の公表制度や、虚偽の報告等をした企業に対する過料の制度が設けられました。

（依田修一）

# 賃金・退職金

## ⑰業績不振を理由に賃金を下げられるか?

Q　**当社は、業績不振が長く続いており、資産売却、役員報酬の減額、希望退職者の募集などの措置を講じてきましたが、さらなる財務改革を迫られています。残るは社員の給与の減額くらいですが、社員の賃金を下げることはできるのでしょうか？**

A　労働契約は、労働者の労務提供の対価として使用者が賃金を支払うことを内容とする契約であり、賃金は契約の重要な要素となっています。したがって、個々の労働者との間で合意が得られなければ、賃金を減額することはできないというのが原則です。

会社が業績悪化を理由に賃金を約30％減額した事案について、東京地裁は「個々の従業員の同意を得ることなく行った賃金調整は、業績悪化という理由に合理性があったとしても、何らの効力も有しない」旨判断しました（チェース・マンハッタン銀行事件）。

Q　**当社の賃金額は就業規則に基づく賃金規定で定められています。会社が就業規則の変更という手続をとれば、賃金の減額は認められるのではないでしょうか？**

A　就業規則とは、使用者が定める職場規律や労働条件に関する規則であり、賃金規定も就業規則の一部となります。就業規則の内容を労働者の不利益に変更することは原則許されませんが、労働条件については統一的、画一的な取り扱いが求められることに照らして合理性が認められる場合には、例外的に不利益変更も労働者を拘束すると解されています。したがって、就業規則の変更による賃金減額が認められるかについても、減額に合理性が認められるかがポイントになります。

**Q　どのような場合に合理性が認められるのでしょうか。その点が問題になった判例はあるのですか？**

A　合理性の有無は、労働者が被る不利益の程度、変更の必要性の内容・程度、変更後の就業規則の内容の相当性、代償措置その他関連する労働条件の改善状況、組合との交渉経緯などを総合的に考慮して判断されます。

銀行から融資の条件として人件費の圧縮を求められていた会社が、合併先の賃金規定を参考にして新たに減額を伴う賃金規定を作成し、減額に対する補償として慰労金を支給した事案について、大阪地裁は「雇用を確保したまま企業を存続させるためのやむを得ない事情がある」として合理性を認めました（駸々堂事件）。

他方で、ＬＰガスの値下げによる売上減少により多額の負債を抱えたガス会社が、賃金を約25％減額する内容に就業規則を変更した事案について、「高度の必要性」に基づいたものとはいえないとして合理性を否定した判例も存在します（東京地裁、杉本石油ガス事件）。賃金は労働者にとって重要な権利、労働条件であることから、合理性について厳格に判断する傾向にあるように思われます。

（柳澤　泰）

## ㊳取締役に対する退職慰労金

**「株主総会において、会社の経営状態が非常に厳しいことを理由に、取締役に対して支給する退職慰労金の額を社内規定（内規）よりも低い金額とする決議がなされました。決議内容が内規に反する場合でも、退任した取締役は差額分の支払いを請求できないのでしょうか」**

近時の不況の下、多くの株式会社が、厳しいリストラ・コスト削減を強いられています。役員の報酬や退職慰労金がカットされることも頻繁で、退職慰労金の額に不満を持つ元取締役が、会社を相手にその支払いを求めて訴訟を起こすケースも少なくありません。

**定款または株主総会で定める必要**

退職した従業員の場合には、労働協約や就業規則にしたがって算出される退職金を「賃金」として請求することができます。

これに対し、取締役の退職慰労金は、退任の際に支払われるお金ですが、在職中の職務執行に対する「報酬」としての性質を持つため、定款または株主総会決議で金額を定めることが要求されます（会社法361条）。すなわち、退職慰労金の金額は、内規ではなく定款または株主総会決議により決定されるのです。

物価や経営状況は年々変わるため、ほとんどの会社の定款には退職慰労金の定めはなく、支給金額は、株主総会決議で決定されることとなります。内規がある場合でもこれに従った決定をする必要はなく、会社の経営状態を考慮して、内規よりも低い金額とすることも可能です（東京地裁昭和62年3月26日）。

したがって、株主総会決議で内規より低い退職慰労金額とされた場合でも、退任した取締役は、会社に対し差額分を請求することはできません。

### 取締役会への一任

では、取締役会で決定された場合はどうでしょうか。

会社としては、退職慰労金額を外部に公表したくないことから、具体的支給額を内規に従って決定するよう取締役会に一任する株主総会決議も数多く見られます。このような一任も内規などの一定の基準に従って決めさせる趣旨であれば有効とされています。

取締役会は、株主総会決議からの委任の内容に従わなければならず、内規を無視することはできません。特段の理由もなく内規より低い金額に決定された場合には、退任した取締役は、会社や代表取締役に対し、内規に従って算出される金額との差額分を損害賠償として請求しうると考えられています（不支給と決定された場合の判例として、東京地裁平成11年9月9日判決、東京地裁平成10年2月10日判決）。

（柳澤　泰）

# 事故と保険

## ⑲通勤途中の事故と労災保険

**「通勤途中の事故で負傷・死亡した場合、本人や遺族は『通勤災害』として労災保険金の給付を受けることが出来ますが、会社に向かう途中あるいは帰宅途中の事故が全て『通勤災害』となるわけではありません。労働者災害補償保険法は『通勤』の定義を定めていますが（同法７条２項、３項)、具体的にどのような場合が『通勤』にあたるのでしょうか」**

### 住居との往復

まず、住居と就業場所との間の往復であることが必要です。

単身赴任者が週末家族のいる自宅に帰宅し、月曜日に自宅から出勤する場合も、①就業場所と家族のいる自宅との間の往復が週１回以上認められ、②片道３時間以内及び 200 ｋｍ以内であれば「通勤」にあたるとの行政解釈が出されています。

交通事情や自然現象などによりやむを得ず自宅以外に宿泊する場合には、一時的に住居を移していると考えられ、宿泊場所が住居と認められます。しかし、友人宅で麻雀をし、翌朝出勤した場合は「通勤」にはあたりません。

なお、平成 17 年の改正により、一定の場合に、就業場所から他の就業場所への移動や単身赴任者が赴任先と帰省先との間を移動している場合も通勤にあたるとされました。

### 就業との関連性

往復行為は就業と関連したものでなければならず、会社に行ったとしても業務に従事しなかった場合は「通勤」にはあたりません。

若干の遅刻や早出は関連性があると考えられますが、運動部の練習やサークル活動への参加のために、出社・退社時刻が、所定の始業時刻や終業時刻とかけ離れている場合には、関連性はないと考えられています。

**合理的な経路・方法**

通勤の経路・手段は、一般的に労働者が用いるような合理的なものでなければなりません。理由もなく著しく遠回りをするような場合は、「通勤」にあたりません。

ただし、複数の経路・方法がいずれも合理的と認められる可能性もあり、会社への届出や平常の交通手段と異なったとしても合理的なものであれば、「通勤」にあたります。

**逸脱・中断**

帰宅途中に同僚と飲みに行くなど通勤途中で就業とは関係のない目的で合理的な経路をそれた場合（逸脱)、通勤経路上通勤とは関係のない行為を行った場合（中断）には、その後、たとえ合理的な経路に戻ったとしても「通勤」にはあたりません。

ただし、日常生活上必要な行為であって労働省令で定めるものをやむをえない事由により最小限度の範囲で行う場合には例外として「通勤」にあたるとされています。

例えば、①帰宅途中で惣菜を買ったり、独身労働者が定食屋で食事したりするなどの日用品の購入・それに準ずる行為、②夜学や職業訓練学校への通学、③選挙権の行使、④診察・治療のための病院・診療所への立寄りについては、逸脱・中断を終えて合理的な経路に戻った後は「通勤」にあたるとされています。

（柳澤　泰）

## ⑳接待中の事故と労災保険

**「会社員の方であれば、年末年始の時期には、飲食店で接待をする機会も多くなることかと思います。ただ、ビル火災など、飲食店であっても災害に遭う危険は皆無ではありません。**

**接待中の事故で負傷、死亡した場合、本人や遺族は労災保険の給付を受けることはできるのでしょうか」**

### 業務遂行性

第一に、労災保険給付を受けるには、業務中の負傷・死亡でなければなりません（業務遂行性)。「業務中」であるかは、判例上、会社の支配下にあるか否かにより判断されており、接待の場合もかかる基準に当てはめて判断されることとなります。

例えば、一次会は出席が義務付けられていたが二次会は気の合った者同士で参加したという場合、一次会は業務命令に基づくものとして業務中といえるでしょうが、二次会はあたらない可能性が高くなります。

また、飲食店での接待は、夜になって行われることも多いでしょうが、残業手当が支払われるのであれば、会社の支配下にあり、業務中にあたるといってよいでしょう。

その他、接待費が会社持ちであるか、会社の上司と同行しているかという点も、会社の支配下にあるか否かの判断要素となります。

ただし、接待という名目であっても、クラブでお目当てのホステスを口説くことが目的でそれに専念しているなど、実際は私的な行動をとっている場合には、もはや会社の支配下から逸脱しており、業務中とはいえません。また、接待を行う店舗の形態によっては､私的な行動と判断せざるを得ない場合もあると思われます。個室の風俗店ともなれば、もはや私的行動が主であり、業務中とはいえないでしょう。

### 業務起因性

第二に、業務が原因で負傷、死亡した場合でなければなりません（業務起因性）。

接待で使用している飲食店の火事が原因で負傷、死亡した場合には、飲食店で接待業務を行っていたがために、そのような火災に遭ってしまったのですから、業務が原因であるといえます。

逆に、店内で他の客とケンカをして負傷した場合には、業務が原因とはいえません。

飲酒が過ぎて自ら転んで負傷した場合には、それほどの飲酒が接待をする上で必要であったかによって結論は変わってくるものと思われます。

### 取締役の場合

労災保険は、労働者を対象としており、取締役には適用されないのが原則です。ただし、労働者性が強く認められる使用人兼務取締役であれば労働者として扱われます。

また、従業員が一定人数以下の中小・零細企業の場合には、取締役や代表取締役であっても労災保険に特別に加入することが認められています（労災法33条）。

（柳澤　泰）

# 労働法制

## ⑪労働基準法の一部改正によって何がかわる?

A「平成 20 年 12 月 12 日に公布された『労働基準法の一部を改正する法律』が平成 22 年 4 月 1 日から施行されたよ」

B「改正の趣旨は？」

A「現状、週 60 時間以上労働する労働者の割合は全体で 10%を示すなど、長時間労働の割合が高くなっており、労働者が健康を保持しながら労働以外の生活のための時間を確保して働くことができるよう労働環境を整備することが重要な課題となっている。そのため、長時間労働を抑制し、労働者の健康を確保するとともに仕事と生活の調和がとれた社会を実現することを目的としたものだ」

B「具体的な改正点は？」

A「まず、時間外労働の割増賃金率が引き上げられた。1 か月 60 時間を超える時間外労働については、法定割増賃金率が現行の 25%から 50%に引き上げられ、使用者は 50%以上の率で計算した割増賃金を支払わなければならない。時間外労働が深夜に及んだ場合は更に深夜割増率（25%）を上乗せする必要があるよ」

B「50%以上の引き上げはどの企業にも適用されるのかい？」

A「中小企業については、当分の間、引上げは猶予されることになった。施行後 3 年を経過したら改めて検討が行われることになった。中小企業の定義については業種によって資本金や常時使用する労働者数で判断され、例えば、小売業だと資本金の額または出資の総額が5000万円以下か、または、常時使用する労働者数が50人以下とされている」

B「割増賃金の代わりに有給休暇を付与することができるのかな？」

A「事業場で労使協定を締結すれば、時間外労働の改正引上分(25％から50％に引き上げた差の25％分)の割増賃金に代えて、有給の休暇を付与することができることになった」

B「その他の改正点は？」

A「１か月に45時間（限度時間）を超える時間外労働を行う場合、あらかじめ労使で特別条項付きの時間外労働協定を締結する必要があるが、新たに、

①特別条項付きの時間外労働協定では、月45時間を超える時間外労働に対する割増賃金率も定めること

②その率は法定割増賃金率（25％）を超える率とするように努めること

③月45時間を超える時間外労働をできる限り短くするよう努めること

が必要となった。さきの『１か月60時間を超える時間外労働』の割増賃金率は、中小企業を除く企業に適用されるものだが、この『１か月に45時間を超える時間外労働を行う場合』は、中小企業は勿論のこと、大企業でも適用されるものだ。努力義務ではあるが、企業規模にかかわらず、適用される。その他の改正点としては、現行では日単位で取得することとされていた年次有給休暇を、事業場で労使協定を締結すれば、１年に５日分を限度として時間単位で取得できるよう改正された」

（依田修一）

## ⑫パートタイム労働法の改正について

A「平成20年4月1日から『改正パートタイム労働法（短時間労働者の雇用管理の改善等に関する法律)』が施行されたよ」

B「なぜ改正されたのかい？」

A「少子高齢化の進展や就業構造の変化など社会経済情勢の変化に伴って、短時間労働者の果たす役割の重要性が増大している。しかし、他方、パートタイム労働者の働く意欲を失わせるような現象もおきていた。たとえば、仕事や責任、人事管理が正社員と同じなのに、賃金など待遇が働きに見合っていなかったり、１度パートタイム労働者として就職すると、希望してもなかなか正社員になることが難しかったりする問題だ。このような問題を解消するため改正となったんだ」

B「どのような責務が事業主に求められるのかい」

A「改正法３条が定めているよ。事業主は、雇用管理の改善及び通常の労働者への転換の推進を講ずることにより、通常の労働者との均衡のとれた待遇の確保等を図り、当該短時間労働者がその有する能力を有効に発揮することができるように努めなければならない」

B「事業主の義務を具体的に教えてよ」

A「事業主は、通常の労働者へ転換を推進するための措置を講じることが義務化された（改正法12条)。例えば、

①通常の労働者を募集する場合、その募集内容を既に雇っているパートタイム労働者に掲示などで周知する

②通常の労働者のポストを社内公募する場合、既に雇っているパートタイム労働者にも応募する機会を与える

③パートタイム労働者が通常の労働者へ転換するための試験制

度を設けるなど転換制度を導入する」

B「正社員へ転換するチャンスがうまれるわけだね」

A「また、事業主は、パートタイム労働者を雇い入れたときは速やかに『昇給の有無』『退職手当の有無』『賞与の有無』を文書の交付等により明示することが義務化された（改正法6条）。違反は10万円以下の過料だ。さらに、事業主が雇い入れ後、パートタイム労働者から求められたとき、そのパートタイム労働者の待遇を決定するに当たって考慮した事項（待遇の差別的取扱禁止、賃金の決定方法、教育訓練、福利厚生、通常の労働者への転換を推進する措置など）を説明することも義務化された（改正法13条）。『あなたはパートだから賃金は○○円です』という説明では責任を果たしたとはいえないとされているので注意が必要だ」

B「正社員と同視すべきパートタイム労働者の待遇を差別的に取り扱うことも禁止されたようだね」

A「そうだ（改正法8条）。ただ、この『同視』とは、仕事の内容や責任など職務の内容が同じで、人事異動の有無や範囲など人材活用の仕組み・運用が全雇用期間を通じて、同じかつ、契約期間が実質的に無期契約となっている場合をいうから、『同視』と言える例は限られると考えられているよ」

（依田修一）

## ⑬労働契約法の施行と懲戒処分

A「当社の社員を懲戒処分に付したいのですが、懲戒処分に付すための要件を教えてもらえますか」

B「懲戒処分に付す要件としては、大きく分けて①就業規則において懲戒の種別及び事由が定められており、その内容が適用を受ける事業場の労働者に周知されていること②当該懲戒処分に客観的に合理的な理由があり、かつ、当該懲戒処分が社会通念上相当であることという2つの要件があります。

②の要件は平成20年3月1日から施行された労働契約法の第15条に記載されているものです」

A「①の要件について、懲戒の『種別』と『事由』にはどのようなものがあるのですか？」

B「懲戒の『種別』には、譴責・戒告、減給、出勤停止、降格、懲戒解雇・諭旨解雇等があります。懲戒の『事由』には、職務怠慢、業務命令違反や犯罪行為等があります」

A「就業規則を『周知』させるには、具体的にどのようなことをしておけばよいのですか？」

B「常時就業規則を各作業場の見やすい場所に掲示し、又は備え付ける方法と、書面を労働者に交付する方法、磁気テープ・磁気ディスクその他これらに準ずる物に記録し、かつ、各作業場に労働者が当該記録の内容を常時確認できる機器を設置する方法のいずれかを採っておけばよいと思います（労働基準法施行規則の第52条の2）」

A「②の要件は、労働契約法が施行されて初めて必要とされるようになった要件なのですか、また、その要件を満たすか否かは具体的にどのように検討すればよいのでしょうか？」

B「②の要件は労働契約法が定められる前から判例上必要とされていた要件です（最高裁平成18年10月6日判決等）。
この要件を満たすか否かは、①労働者の行為が就業規則に定められた懲戒事由に該当するのか②労働者がした行為の性質、態様、会社が被った損害の程度等を考慮した場合に処分が不当に重すぎないか③懲戒に関する使用者側の対応が適正か等を考慮して判断することになります」

A「労働者を懲戒処分に付す際に使用者側はどのような対応をとればいいのですか？」

B「社内で懲戒委員会を開催し、本人に弁明の機会を付与したり、労働組合との協議をしたりする等、懲戒処分が相当なのかどうかを十分に検討する手続きを採る必要があります」

A「もし当社が不当な懲戒処分をしてしまったらどうなるのですか？」

B「事案にもよりますが、労働者が懲戒処分を受けたことで精神的な苦痛を被ったとして、不法行為に基づく損害賠償を命じられるおそれがあります」

A「そうですか。よくわかりました。懲戒処分に付す前に事情をよく調べて、懲戒処分の要件を満たすか十分に検討することにします」

（山越真人）

## ⑭懲戒権の行使とその限界

Q　**そもそも懲戒とは何ですか。**

A　使用者が、労働者の就業秩序に違反する行為（例えば、業務命令違反）に対して、譴責、戒告、減給、出勤停止、懲戒解雇などをすることです。

Q　**なぜ使用者に懲戒する権限が認められるのですか。**

A　使用者による懲戒を認めなければ、企業運営上の秩序や利益を確保することが困難と考えられているからです。

判例も、「使用者は、広く企業秩序を維持し、もって企業の円滑な運営を図るために、その雇用する労働者の企業秩序違反行為を理由として、当該労働者に対し、一種の制裁罰である懲戒を課することができる」（最高裁昭和58年9月8日判決）としています。

Q　**懲戒権の行使に限界はないのですか。**

A　あります。

具体的には、懲戒権行使の前提として、

①就業規則に懲戒規定が置かれ、

②その懲戒規定に合理性があり、

③その適用を受ける労働者に周知の手続き（例えば、各作業場の見やすい場所に呈示したり、書面を交付するなど）が取られていること、

が必要です（労働基準法106条1項、最高裁平成15年10月10日判決）。

また、①ないし③の要件を満たしていても、懲戒が、

④当該懲戒にかかる労働者の行為の性質及び態様その他の事情に照らして、客観的に合理的な理由があり、社会通念上相当であること、

が必要です（労働契約法15条）。この④の要件を欠くと、懲戒権の濫用となり、懲戒処分が無効となります。

Q　**では、例えば、社員が痴漢で捕まった場合、会社はその社員を懲戒解雇することができるのですか。**

A　痴漢が報道され、その社員の所属する会社の名前が公になることによって、会社の信用・名誉が著しく傷つけられることが考えられます。そのような場合には、就業規則に「会社の信用・名誉などに対する毀損行為を懲戒事由とする」旨の条項があれば、それに基づいて懲戒処分することができます。

ただし、懲戒権の行使については、上記④の要件（客観的に合理的な理由があり、社会通念上相当であること）を充足することが要求されます。そのため、上記のような条項があっても、懲戒処分のうちでも最も重い懲戒解雇をするかどうかは、慎重に検討すべきでしょう。特に、痴漢のような犯罪行為については無罪推定の原則があり、有罪判決が確定するまでは無罪と考えねばならないので、逮捕直後の懲戒解雇は犯人性の明確さや事案の悪質性など個別の事情に応じて慎重に検討すべきです。

したがって、社員が痴漢で捕まった場合、会社としては、逮捕直後に安易に懲戒解雇すべきではなく、個別の事情に応じて慎重に処分を検討すべきでしょう。

（舟木　健）

## ⑮労働者派遣の仕組みと法的規制

Q　**少し前に、派遣社員を題材としたテレビドラマが高視聴率をあげたことがありましたが、私の会社も派遣社員の受け入れを考えています。そもそも、労働者派遣の仕組みはどのようなものですか？**

A　労働者派遣とは、派遣元が雇用する労働者を派遣先の労働に従事させることをいいます。派遣元と派遣社員との間で雇用契約が結ばれ、派遣元と派遣先との間で労働者派遣契約が結ばれます。派遣社員は、派遣先と雇用関係にはありませんが、派遣先から賃金の支払を受け、その指揮命令に服することになります。派遣先は、派遣社員の労働時間管理や安全衛生管理を行わなければなりません。

Q　**労働者派遣に対する規制はあるのですか？**

A　職業安定法は、労働者を供給契約に基づいて他人の指揮命令のもとでの労働に従事させること（労働者供給）を禁止しています。このような労働者供給事業は、中間搾取や劣悪な環境のもとでの労働者酷使の温床となりやすいと考えられていたからです。しかし、昭和61年に施行された労働者派遣法は、一定の場合に、派遣元との雇用関係を維持したままであれば、労働者を他人のための労働に従事させることを適法としました。

当初は、労働者派遣は原則禁止され、ファイリングや秘書などの限られた業種についてのみ認められていました。しかし、次第に認められる範囲が拡大され、平成11年の法改正により、特定の禁止業務以外認められるようになり、原則と例外が逆転するようになりました。現在、労働者派遣が禁止されているものには、①港湾運送業務、②建設業務、③警備業務、④医療関係業務（ただし、へき地への派遣や紹介予定派遣などは可能）、⑤労使間の団体交渉や協議を使用者側当事者として行う業務、⑥弁護士、公認会計士などの有資格者が行う専門業務があります。

Q　**社風に合う方を派遣してもらいたいのですが、事前に面接をして決めることは可能でしょうか？**

A　労働者派遣は、派遣元が派遣先の要望する技能や経験に合う労働者を選考・雇用して派遣するものであり、派遣先が履歴書を求めたり、事前面接をするなどして、派遣労働者を特定することは禁止されています。このような特定行為が、本来派遣に必要な技能や経験とは別の、容姿、性格、年齢、障害の有無などが判断材料とされ、不当な差別につながるおそれもあるからです。ただし、派遣先企業からは「より社に合った人材を派遣してもらいたい」との要望も強いことから、「事前面接の解禁」が議論されているところです。

Q　**派遣社員に残業を指示することは可能でしょうか？**

A　派遣先は派遣労働者を原則1日8時間、週40時間を超えて労働させてはなりません。ただし、派遣元が派遣労働者を含めた事業場の従業員との間でいわゆる「36（サブロク）協定」を締結しており、派遣契約で予め残業時間の限度などが規定されている場合であれば、限度の範囲内で残業を指示することは可能です。

（柳澤　泰）

# ⑯労働組合との団体交渉について

## 団体交渉権について

憲法28条は「勤労者の団結する権利及び団体交渉その他の団体行動をする権利は、これを保障する」と規定しています。労働三権とは、団結権・団体交渉権・団体行動権（争議権）の３つを指し、そのうち団体交渉権は、労働者の団体が使用者と労働条件について交渉する権利を言います。憲法上の権利であることに使用者は十分留意する必要があります。

さらに、労働組合法７条２号は「使用者が雇用する労働者の代表者と団体交渉することを正当な理由がなくて拒むこと」をしてはならないと定めています。このような不当労働行為は認められません。

## 誠実交渉義務

使用者の団体交渉義務の基本的な内容として「誠実交渉義務」があります。例えば、東京地方裁判所の平成元年９月22日の判決では「使用者は、自己の主張を相手方が理解し、納得することを目指して、誠意をもって団体交渉に当たらなければならず、労働組合の要求や主張に対する回答や自己の主張の根拠を具体的に説明したり、必要な書類を提示するなどし、また、結局において労働組合の要求に対し譲歩することができないとしても、その論拠を示して反論するなどの努力をすべき義務があるのであり、合意を求める労働組合の努力に対しては、右のような誠実な対応を通じて合意達成の可能性を模索する義務がある」と述べられています。

他方、使用者には、組合の要求をそのまま容れなければならない義務や譲歩をしなければならない義務まではありません。十分な討議を経ても双方の主張が対立し、意見の一致を見ないまま交渉打切りとなることは誠実交渉義務に違反するものではないのです。

### 団体交渉拒否の救済方法

一つ目は労働委員会による救済が挙げられます。

使用者が団体交渉を正当な理由なく拒否したり、団体交渉に応じてはいるものの誠実な交渉を行わなかった場合に、労働組合は不当労働行為がなされたとして労働委員会に救済を求めることができます。

労働委員会は、救済申立てを審理して理由があると判断したときは、当該事項に関する団体交渉に応ぜよという命令や、団体交渉を拒否してはならないという命令などを発します。

もう一つは裁判所による救済があります。

労働委員会に対する救済申立てだけではなく、裁判所に対して救済を求めることもできます。

例えば、団体交渉に応ずべきことを求めうる地位の確認訴訟なども認められるのです。

（依田修一）

## ⑰労働紛争の解決制度～労働審判の具体的内容～

**Q　個々の社員との間に紛争が起こった場合の紛争解決制度にはどのようなものがありますか？**

A　紛争解決制度には、大きく分けて行政機関によるものと司法機関によるものがあります。行政機関によるものには、都道府県労働局による個別労働紛争解決制度（労働相談、労働局長による助言・指導、紛争調整委員会によるあっせん）等があり、司法機関によるものには、訴訟や労働審判という制度があります。

**Q　そういえば、先日、知り合いが経営している会社が社員から労働審判を起こされたと言っていました。労働審判制度が具体的にどのような制度なのか教えていただけますか。**

A　わかりました。労働審判制度の概要を説明しましょう。

まず、労働審判の申し立ては、地方裁判所に対して行うことになります。申し立てを受けた地方裁判所は、裁判官１名と労働関係の専門的な知識経験を有する労働審判員２名（労使から１人ずつ）が構成する合議体（労働審判委員会）を組織し、紛争を処理していきます。

通常の訴訟では特に期日の回数に制限がないため、判決までに数年かかるような事件もあるのですが、労働審判では紛争の簡易迅速な解決のために、原則として期日は３回までと決まっています。３回の期日で解決に至ることになるので、初回の期日までに当事者双方が主張立証を尽くしておく心構えが必要です。

労働審判の中で、当事者は話合いを行い調停による紛争の解決をすることができます。調停による解決がなされた場合、その調停は裁判上の和解と同一の効力を持ち、原則としてその内容を覆すことはできなくなります。

一方で、調停による解決ができないときは、それまでの主張立証の結果を踏まえて、労働審判委員会が審判を下すことになります。審判では、紛争を解決するために相当と認められる事項を定めることができます。一般的に、審判の内容は通常の訴訟の判決よりも当事者の意思に配慮された柔軟な内容になることが多いです。

審判の内容を当事者が受諾できない場合、当事者は審判を受けた時から２週間以内に異議を申し立てることができます。異議の申し立てがなされた場合には、労働審判は失効し、労働審判の申し立ての時に遡って訴訟の提起があったものとみなされ、訴訟手続きが開始されることになります。

このように、労働審判制度は、通常の訴訟制度と比べて、簡易迅速かつ当事者の意思に配慮された柔軟な紛争解決をすることができる制度と言えます。しかし、最終的に労働審判がなされ、これに対して当事者が異議を申し立てた場合には、それまで労働審判手続きに費やした労力が無駄になるおそれもあると言えます。

（山越真人）

# III

# 経営者が心すべきこと

# クレーム・内部告発対応

## ⑱クレーマーに企業はどう対処すべきか

Q　**弊社商品を購入して頂いたお客様から商品に欠陥があったとして謝罪を求める電話がありました。これから担当の部下と謝罪に伺おうかと思うのですが、万一お客様がクレーマーであった場合どのように対処すればよいのでしょうか？**

A　クレーマーとは、企業等に対し不満を述べて謝罪や金銭賠償等を求める消費者のうち、特にその要求内容あるいは要求態度が社会的相当性を逸脱している者をいいます。

ただ、クレーム当初の時点においては相手方が善意のお客様なのかクレーマーなのかについては正確に把握し得ないのが通常ですから、対応の前提として、まずは指摘された事実について相手方の主張内容が正しいのか否かについて正確に把握しなければなりません。

その際、相手方からは、相手方の氏名・連絡先、クレームの具体的内容とその経緯・状況を電話にて聞き取り確認し、クレームを裏付ける資料がある場合にはその提出を求めて下さい。

その上で、会社として、相手方の主張内容が正しいのか、正しいとして会社に責任（法的にも道義的にも）があるのかについて、場合によっては弁護士に相談しつつそれぞれ検討することになります。

Q　**その上で相手方と面談すれば良いのですね。**

A　いえ、必ずしも相手方と面談しなければならないわけではありません。

面談する必要があるかは、会社の責任の有無及び程度、相手方の被害の程度及び態度等を考慮して、面談した方が迅速かつ穏便に解決できそうということであれば速やかに面談すべきですが、それ以外の場合、例えば相手方が明らかにクレーマーである場合には電話や手紙等で対応しても良いでしょう。

**Q　相手方の要求が理不尽でありとても応じられない場合にはどう対応したら良いでしょうか？**

A　よくあるパターンとして、会社に責任がないことをきちんと説明しているにもかかわらず、話をはぐらかせて「責任があろうがなかろうが迷惑をかけているのは事実だろう。会社として何らかの形で誠意を見せろ」などと暗に金品を要求してくる場合があります。

このような要求は明らかにクレーマーによる不当な要求ですから、会社としては断固拒否し、今後一切応対しない旨の強い拒絶の態度を示すべきです。

**Q　それでも相手方がなお執拗に担当者や本社へクレームの電話等を止めない場合は？**

A　会社としても、弁護士名の内容証明郵便による警告文の発送、架電禁止ないし面談禁止の仮処分申立て等のより強い態度で対応すべきです。

また、相手方の架電・面談の要求があまりに執拗で、その応対のために会社担当者の通常業務に支障が出る程度に達しているのであれば、より強力な手段として業務妨害罪等による刑事告訴も採り得るところです。

（永　滋康）

クレーマー？
¥
OKY03

# ⑲機関紙購読要求などのトラブルの現状とその対策

## 企業対象暴力の実態

平成17年1月、全国の企業を対象に、暴力団等の反社会的勢力から、どのような理不尽な要求があったか、そうした不当要求に企業がどのように対応したかなど企業対象暴力のアンケート調査が行われ、その結果がでています。不当要求の内容は、寄付金・賛助金など様々な名目による金品要求とともに、機関紙購入要求が依然として大きな割合をしめています。

また、行政機関に因縁をつけ不当な要求をする、いわゆる「行政対象暴力」も深刻化しており、全国の自治体に同様のアンケート調査がなされました(平成19年5月から6月にかけての調査)。回答があった自治体の33.5%程度が不当要求を受けたことがあるという結果が出ております。

## 機関紙購入要求があったときの対応

機関紙を利用する不当要求は、電話や来訪で直接購入要求してくるケースのほか、機関紙を一方的に送りつけてくるケースがあります。

電話や来訪により必要のない機関紙を直接購入要求してきた場合、毅然とした態度で拒否することが大事です。拒否するにあたっては、事前に相手方の特定に関わる事項（氏名、団体名、所在地など）を必ず確認するとともに、相手方の申入れ状況と申入れ内容やそれに対する当方の対応を録音したり詳細にメモを残すなど、証拠が残るようにしてください。この証拠は、後々、被害届や告訴届などの刑事上の措置をとるために必要ですし、民事上の措置、たとえば、面談強要禁止の仮処分命令を申立てるためにも必要となります。この面談強要禁止の仮処分命令とは、例えば「○○（相手方）は、○○自ら又は第三者をして、△△（当方）に対し、面接、架電、手紙・葉書などの方法で直接に連絡・交渉することを強要してはならない」というような内容の裁判所の決定であり、反社会的勢力からの要求を排除する有効な方法です。

売買契約は当事者の合意がなければ成立しません。したがって一方的に送付されてきた場合代金を支払う義務はありません。そして、購入する意思がなければ明確に証拠が残る形で断ることが重要です。後日、因縁をつけられることを避けるためにも、現物を配達証明郵便で返送するとともに、「注文したことも購読する意思もないので、送付された現物は返還する。今後は送付しないように」という趣旨の内容証明郵便を送付し、明確な証拠を確保しておくべきです。特定商取引法59条では、販売業者から売買契約に基づかずに商品が送付された場合、送付された者が承諾をせず、かつ、販売業者が商品引取りをしないとき、14日経過すれば、販売業者が返還請求できなくなるという規定がありますが、拒否の意思表示を明確にしておくことをお勧めします。

（依田修一）

## ⑳内部告発に企業はどう対応する？

Q　**企業の内部告発に関連して「公益通報者保護法」という法律があると聞きますが、どのような法律なのですか？**

A　公益通報者保護法は、公益通報をしたことを理由とする公益通報者の解雇の無効や、その他不利益な取り扱い（降格、減給等）をすることを禁止し、また、事業者や行政機関が公益通報を受けた場合にとるべき措置を定めることにより、公益通報者の保護を図ること等を目的とした法律です（１条）。

Q　**「公益通報」とは、どのようなことを言うのですか。**

A　労働者が、不正の目的なく、労務提供先又はその事業に従事する役員や従業員等について、通報対象事実が生じ、又はまさに生じようとしていることを、

①労務提供先若しくは労務提供先があらかじめ定めた者

②通報対象事実について処分や勧告等をする権限を有する行政機関

③その者に対し通報対象事実を通報することがその発生もしくは被害の拡大を防止するために必要であると認められる者

のいずれかに対して、通報することを言います（２条１項）。

Q　**「通報対象事実」とは何ですか。**

A　個人の生命又は身体の保護、消費者の利益の擁護、環境の保全、公正な競争の確保その他国民の生命、身体、財産その他の利益の保護にかかわる法律（例えば、刑法、食品衛生法、廃棄物処理法、個人情報保護法等があります）に規定されている罪の犯罪行為の事実を言います（２条３項１号）。

また、前記の法律の規定に基づく処分に違反することが、前記の犯罪行為の事実となる場合に、その処分の理由となった事実も「通報対象事実」に含まれます（2条3項2号)。

Q　**公益通報者が通報したことを理由に解雇された場合、その無効等の保護を受けられるのは、どのような場合ですか。**

A　公益通報者が保護されるための要件は、通報先が、2番目の質問にある①から③のいずれであるかによって異なります（3条)。例えば、通報先が労務提供先等の場合は、通報対象事実が生じ、又はまさに生じようとしていると思料する場合で足りますが（3条1号)、外部者の場合は、通報対象事実が生じ、又はまさに生じようとしていると信じるに足りる相当の理由があり、かつ、個人の生命又は身体に危害が発生し、又は発生する急迫した危険があると信ずるに足りる相当の理由がある場合など3条3号に定める5つの要件のいずれかを満たさなくてはなりません。

Q　**3条の保護要件（4番目の質問を参照）を満たす公益通報を受けた事業者や行政機関のとるべき措置を教えて下さい。**

A　事業者は、通報対象事実に対する是正措置をとったときはその旨を、通報対象事実がなかったときはその旨を、通報者にすぐに通知するよう努めなくてはなりません（9条)。また、行政機関は、必要な調査を行い、通報対象事実があると認めるときは、法令に基づく措置その他適当な措置をとらなくてはなりません（10条1項)。

（小室大輔）

## ㉛公益通報者保護法について

A「公益通報者保護法が平成18年4月1日から施行されているのを知っているかい？」

B「法律ができたのは平成16年6月だったね。私の会社に相談ホットラインができたのも、その法律が関係すると聞いたよ。法律の内容はよく知らないのだけれど、公益通報者保護法の目的とはどういうところにあるのだろうか」

A「事業者の偽装表示やリコール隠しが社会問題化したことはきみも覚えているだろう。このような問題は事業者内部からの通報により明らかになるケースが多いのだが、法令違反行為の是正のための通報をした者が解雇されたり、あるいは、降格・減給その他不利益な取り扱いをされたりするおそれもある。そこで、そのような解雇を無効とし、不利益な取り扱いは禁止することで公益通報者を保護しようというのが法律の趣旨なんだ。公益通報者が保護されるためにはどのような内容の通報であればよいのか、また、どこへ通報すればどのような要件で保護されるのかなどが定められている。公益通報に関し事業者や行政機関がとるべき措置なども定められている」

B「『公益通報』とはそもそもどのようなものをいうのかい」

A「公益通報者保護法2条に定義規定があるのだけれど、とても長いんだ。要点だけ述べると、①労働者が、②不正の目的でなく、③労務提供先に、④通報対象事実が生じ、又はまさに生じようとしている旨を、⑤（Ⅰ）労務提供先もしくは当該労務提供先があらかじめ定めた者、（Ⅱ）当該通報対象事実について処分・勧告等をする権限を有する行政機関、（Ⅲ）その者に対し当該通報対象事実を通報することがその発生もしくは被害拡大を防止するために必要であると認められる者に、⑥通報すること、と定義されている」

B「②の『不正の目的』って？」

A「金品の授受目的など『不正の利益を得る目的』とか『他人に損害を加える目的』が『不正の目的』だよ。だから、そのような不正目的があった場合は通報した労働者は保護されないということだ」

B「④の『通報対象事実』とはどのようなことをさすのだろうか」

A「個人的に『公益』のために役立つと思った事実が広く通報対象事実になるわけではないんだ。公益通報者保護法の別表に掲げられている法律に規定する『犯罪行為』や、別表に掲げる法律の規定に基づく処分に違反することが『犯罪行為』となる場合における当該処分の理由とされている事実などに限られる」

B「『犯罪行為』がキーワードだね。別表にはどのような法律が掲げられているの」

A「①刑法、②食品衛生法、③金融商品取引法（旧証券取引法）、④ＪＡＳ法、⑤大気汚染防止法、⑥廃棄物処理法、⑦個人情報保護法、⑧その他政令で定める法律、と掲げられている」

B「⑧の『その他政令で定める法律』ってどんな法律？」

A「数にして千以上の法律が定められているんだ」

B「多くて探すのも大変だね」

（依田修一）

# 倒　産

## ⑧②取引先に倒産のおそれがある場合の債権回収

Q　**最近、継続的な物品売買の取引をしている取引先の代金の支払いが滞り始め、噂では倒産のおそれがあるということです。少しでも多く取引先から債権を回収したいのですが、どうすればよいでしょうか？**

A　その場合、迅速な対応が求められます。まず確認したいのですが、御社では本日までに以下の債権回収の準備行為を実行できていますか。

**取引先の信用調査**

不動産登記事項証明書を取得して近時の担保権の設定状況等を確認する。取引先に赴き、社長等会社の経営状況を把握している者と会って、取引先の財産状況を探る。

**取引内容等の確認**

取引先との債権債務関係、人的担保（保証人等）・物的担保（抵当権等）関係を確認し、それに関する証拠（契約書、納入書、受領書等）の所在を確認する。証拠がない場合には、取引先から債務承認書等を取得し、将来法的手段に出ることを想定した証拠を作っておく。未履行の債務の有無や、自社売り商品が取引先に存在しているか等の確認もしておく。

**債権回収の方針を決める**

取引先に対する債権の債権額、支払条件等を確認し、取引先や保証人から、いつ、どのような方法で、いくらの債務を回収するのか等を決めておく。

**Q　まだ準備できていないこともあります。至急準備します。そのような準備を終えた後、具体的にどのように債権回収を図るのですか？**

A　人的担保、物的担保があればその実行を検討すべきです（物的担保については、動産先取得権、不動産先取得権、商事留置権の実行も忘れずに検討してください）。有効な人的担保、物的担保がない場合には、取引先に急行し、取引先及び社長等から人的担保・物的担保を取る努力をする必要があります。

また、御社の納入した商品が取引先にある場合には、取引先との契約を解除（債務不履行解除もしくは合意解除）した上で、納入した商品を引き上げます。この場合、取引先から商品引き上げについての承諾書を取ることを忘れないでください。承諾を得ておかないと窃盗罪に問われるおそれがあります。

取引先の所有動産等について代物弁済を受ける方法（この場合も、代物弁済について合意書を取っておく必要があります）や、取引先が第三者に対して持っている債権の譲渡を受ける方法もありますが、この方法は、後に否認権（倒産する者の債権者相互間の衡平を欠く行為について、その効果を否定する権利）の行使を受ける可能性があります。

取引先が御社に対して金銭債権を有している場合には、その債権を御社が取引先に対して有している売掛金債権と相殺する方法もあります。

取引先が財産を処分することを防ぐために仮差押えをする方法や、公正証書（民事執行法22条5号）を取り、取引先の財産に強制執行をかける方法等もありますが、時間を要する点で実行しにくい手段かもしれません。　（山越真人）

## ⑧③取引先が倒産した場合に商品を回収できるか

**「小売店である取引先のＡ社が手形の不渡りを出して倒産しました。Ａ社からは販売した多額のパソコン代金を支払ってもらっていません。Ａ社の倉庫から商品を引揚げて債権回収を図ることは可能でしょうか？」**

Q　**自社が販売したパソコンを引揚げることはできるの？**

A　代金が未払いであるといっても、既に売却して引き渡したパソコンはＡ社の所有物ですから、引揚げるためには売買契約を解除しなければなりません。売買代金の支払期限が過ぎている場合やＡ社が不渡りを出したときは即時に未払代金全額を支払わなければいけないと契約で定められている場合であれば、解除通知を出して契約を解除することも可能です。しかし、一方的に解除をしたとしても、実際に商品を引揚げる際にはＡ社の了承を得る必要があります。また、解除通知を受け取ったＡ社がパソコンを隠したり、他に売却したりする可能性もあります。したがって、Ａ社が倒産したとの情報が入ったら、すぐに合意解除の書面と引揚げについての承諾書を持ってＡ社の代表者又は仕入・販売の権限を有している担当者のところに行ってください。書面に署名捺印をもらった上で速やかにパソコンを引揚げるようにすることが肝要です。

Q　**倉庫にある他社のパソコンも引揚げることはできるの？**

A　他社がＡ社に販売したパソコン（他社売り商品）を引揚げるためには、そのパソコンを自社で買い取って買掛代金と未払代金債権を相殺するか、商品を代物弁済として受け取らねばなりません。したがって、自社パソコンの引揚げと同じように、A社の代表者又は仕入・販売の権限を有している担当者のところに赴き、引揚げについての承諾書の他に売買契約書もしくは他社売り商品を代物弁済する旨の確認書に署名捺印をもらえば引揚げることは可能です。

**Q　無断で引揚げると問題があるの？**

A　自社の所有物であってもA社が占有している物を無断で引揚げる行為は、窃盗罪に該当する犯罪です。民事上も引揚げた商品の返還だけでなく、損害賠償請求されることとなります。

**Q　A社が協力してくれないときはどうすればいいの？**

A　売主は、販売したパソコンがA社の占有下にあり（目的商品に対する支配可能性）、販売時と同じ状態であれば（目的商品の同一性）、動産売買の先取特権を行使することができます。先取特権を行使することによりパソコンを引揚げることはできませんが、競売に掛けて競売代金から優先的に配当を受けることができます。パソコンが転売されて支配可能性が消失するのを防止するために、目的商品について仮差押の手続をとることは必須です。

パソコンが転売されてしまった場合には、転売代金を差押えて優先的に配当を受けることは可能ですが、どのお金が転売代金であるのか、そのお金の中に転売代金が含まれているのかなどの特定や判断は難しく、実際の回収は困難であると思われます。

（柳澤　泰）

## ㊹適正価額で購入した不動産について破産法上否認される要件は？

### 平成 16 年の破産法大改正

平成16年5月25日に成立し、平成17年1月1日から施行されている改正破産法は、大正11年に成立して以来の全面的改正といわれています。破産法の条文も口語化されました。

それまで、破産「宣告」と言われていた言い方も、「破産手続開始決定」と呼ぶことになりました。「民事再生手続開始決定」と同じです。

### 適正価額で不動産購入した後に取引先が破産～破産法改正前

ある会社が、取引先から適正価額で不動産を購入していたところ、その取引先が破産となってしまったとします。どうなるでしょうか。

実は、これは、改正前から裁判例もあったところで、適正価額での不動産売却が破産管財人に否認されるのか、という問題です。破産手続開始決定前の行為であっても、債務者の総財産の額を絶対的に減少させ、全債権者に損害を与えることを知って行われた行為や、特定の債権者だけに満足を与える不公平な行為が、破産後、否認されることがあるというわけです。

一方、適正価額で不動産を売却するなら、不動産が金銭にかわるだけだから、債務者の総財産の減少にはならないとも考えられるのではないかという考えもありました。

従前の裁判例は、不動産を消費・隠匿しやすい金銭に換えることはその債権者に対する共同担保を実質的に減少させることになる、などという理由から、原則として否認の対象になると言われていました。売却代金が保管されていたり、他の財産に替えられて残存していることが立証されれば別となります。

### 適正価額で不動産購入した後に取引先が破産〜破産法改正後

それが、平成16年の破産法大改正でどのようになったかと言いますと、「相当の対価を得てした財産の処分行為の否認」という特別の類型が、新設されたのです（161条）。どういうことかというと、適正な価格をもって処分した行為について、原則として否認権の対象とならないとし、例外として、次の３つの要件をいずれもみたした場合に限り否認できると規定しました。

３つの要件とは、

①不動産の金銭への換価など財産の種類の変更により、破産者において隠匿、無償の供与その他の破産債権者を害する処分をするおそれを現に生じさせるもの

②破産者が、当該行為の当時、対価として取得した金銭について、隠匿等の処分をする意思を有していたこと

③相手方が、当該行為の当時、破産者が前項の隠匿等の処分をする意思を有することを知っていたこと

の３つです。

従前の裁判例の考え方だと、取引の相手方が、否認されるか否かが不明確で、取引を萎縮してしまう面がありましたが、平成16年の破産法大改正によって、明文で原則と例外を明確にしたことは評価できます。

（依田修一）

## ㊟事業再生ＡＤＲについて

**Q　企業の倒産が相次ぐ中で、最近アイフルやラディアホールディングスが事業再生ＡＤＲ手続の申請をしたことが話題になりましたが、「事業再生ＡＤＲ」とはどのような手続なのでしょうか？**

A　「事業再生ＡＤＲ」とは、過剰な債務負担に悩まされている企業が迅速かつ円滑に事業再生できることを目的に、平成19年度産業活力再生特別措置法の改正により創設された私的再建手続のひとつであり、「特定認証紛争解決手続」ともいいます。

**Q　民事再生手続や会社更生手続といった法的再建手続とは何が違うのでしょうか？**

A　法的再建手続の場合、裁判所が関与することで債権者間の公平が確保できる等のメリットもあるのですが、反面、時間がかかってしまうことや、すべての債権者に対し手続が公開されてしまうことから事業価値が著しく毀損され、事業の健全な再生を阻害するというデメリットも否めません。

そこで、いきなり法的再建手続に進む前に、まずは手続が簡易かつ迅速で秘匿性の高い事業再生ＡＤＲを用いることにより、早期の事業再生を図る必要性が出てくるのです。

**Q　事業再生ＡＤＲを用いることで債務者にはどのようなメリットがあるのでしょうか？**

A　まず、対象とすべき債権者を債務者が任意に選択できることが挙げられます。債務者は、取引債権を除く金融債権のみを対象としたり、債権額数億円以上の高額金融債権のみを対象に絞ることができ、申立て段階において対象たる債権者を限定することができるのです。この点は、金融債権のみならず取引債権をも含むすべての債権者を対象とする法的再建手続とは大きく異なるところです。

次に、すべての債権者にオープンで実施される法的再建手続とは異なり、手続が債務者と対象債権者のみで秘密裏に行われることが挙げられます。これにより、他の債権者には手続申立ての事実を知られずに済みますので、商取引を継続して事業価値を維持しながら再起を図ることが可能になります。

**Q　法的再建手続に比べてデメリットはないのでしょうか？**

A　事業再生ＡＤＲはあくまで私的整理ですから、再建案成立のためには対象債権者全員の同意が必要となります。この場合、一部の債権者が反対すれば再建案は成立せず、債務者としては民事再生や会社更生といった法的再建手続を別途採らざるを得ません。

**Q　事業再生ＡＤＲは債権者にとっては不利な手続なのでしょうか？**

A　そんなことはありません。事業再生ＡＤＲは企業がその高い事業価値を維持したままで事業再生を果たすことを可能にする手続ですから、企業の再建を望む債権者にとってもむしろ有利に働く場合が多いでしょう。

（永　滋康）

# 債権回収

## 86 新しい取引先の信用調査の方法

Q　**A社と新しく取引を始めようと考えています。同社の信用調査をするにはどのような方法がありますか？**

A　登記簿や決算書による調査、訪問調査、インターネットによる調査などがあります。

**商業登記簿による調査**

登記事項の変更に注意することがポイントです。例えば、頻繁に商号や本店所在地が変更されている場合、やましい過去を隠す目的がある可能性がありますし、役員が頻繁に交代している場合は経営体制が安定していないことを示しています。

**不動産登記簿による調査**

A社の本店所在地の土地・建物の登記簿謄本を取得します。

①登記簿上の甲区には不動産の所有権に関する事項が記載されますが、ここに所有権移転仮登記がなされている場合には注意が必要です。登記は登記順位の早い方が遅い方に優先するところ、仮登記は登記の順位を保全するために設定されます。従って、この仮登記が後に本登記になった場合、その登記の順位は仮登記の時に遡りますので、仮登記の後につけた登記はこれに劣後してしまうのです。

また、仮差押えや差押えの登記がある場合にはA社とその債権者との間で支払に関し紛争があることが読み取れます。

②一方、乙区には、所有権以外の権利、例えば抵当権などの担保権が記載されますが、抵当権者が個人である場合等にはA社が金融機関から融資を受けられないような財務内容であるなどと推測できます。

また、乙区に共同担保の記載がある場合には、A社が当該不動産と他の不動産をまとめてその全体の上に担保権を設定したことを示しており、このような場合には共同担保目録が作成されます。この目録は、共同で担保に入れられている不動産の明細が一覧表になっておりますので、これを見ればA社の他の（担保に入れられている）保有不動産を知ることができます。

**決算書による調査**

A社の決算書を入手して財務内容を把握します。その際には最低でも直近の3期分の決算書を入手し、各決算書の比較から各勘定科目の数字に異常がないか等を調べます。

**訪問調査**

A社の経営実態を把握するにはA社に直接足を運んで経営の現場を見ることが一番です。経営陣と面談するとともに、商品、事務所、工場、生産設備、倉庫等を見学します。

**その他**

インターネットを利用し、A社のホームページや、EDINETで有価証券報告書等を閲覧する方法があります。

また、A社の商売相手や同業者への聞き込み調査をする方法や、費用はかかりますが信用調査機関に調査を依頼する方法もあります。

（小室大輔）

## ⑧⑦少額訴訟について

A「売掛金を請求しても、いっこうに支払ってくれない取引先があるんだ。なにか良い方法はないだろうか？」

B「債権額はいくらだい」

A「50万円だよ」

B「それならば、少額訴訟手続を利用したらどうだろうか。60万円以下の金銭の支払いを求める訴えについて認められている手続だよ」

A「訴訟は時間がかからないだろうか」

B「少額訴訟手続は、市民間の規模の小さな紛争を少ない時間と費用で迅速に解決することを目的とした手続だよ。原則として、1回の期日で審理を終え、ただちに判決の言渡しがなされる」

A「どの裁判所で行われるのかい？」

B「簡易裁判所だよ」

A「原則として1回で審理が終わるのは、訴える側からすると大変ありがたいことだね」

B「そうなんだ。ただし、年間の利用回数は10回までに制限されている」

A「訴えられた被告側は必ず少額訴訟に応じてくるのだろうか」

B「少額訴訟は、訴える原告側が少額訴訟手続によることを希望し、かつ、訴えられた被告側で異議を言わない場合に審理が進められる。被告が少額訴訟手続に異議を述べて、通常の手続へ移行するよう申し出をした場合は、利用できないんだ」

A「わが社の未収の相手方の場合、早期解決を望むだろうから、おそらく異議は述べないと思うよ」

B「原則として1回で審理が終わるわけだから、原告も被告も、最初の期日までに自分のすべての言い分と証拠を裁判所に提出することになっている。また、証拠は最初の期日にすぐ調べることができるものに制限されている。契約書や領収書などの証拠書類や、証人なども最初の期日に取調べができるようにしておかないといけない。証人になってもらいたい人は、最初の期日に裁判所に連れていくとよいだろう」

A「少額訴訟で勝てば勝訴判決がもらえるわけだね」

B「少額訴訟においても和解は可能だし、事案によっては望ましいこともある。話し合い解決が難しければ、裁判所による判決言渡しとなる。この少額訴訟の判決は、通常の民事裁判のように、原告の請求を認めるか認めないか、を判断するだけでなく、一定の条件のもとに分割払、支払い猶予、訴提起後の遅延損害金の免除などを命ずることができるんだ」

A「少額訴訟の判決に不服のある場合はどうすればよいのだろう？」

B「少額訴訟の判決には地方裁判所への控訴は認められておらず、同一の簡易裁判所に異議申し立てをすることになる」

A「よくわかった。利用してみるよ」

B「ほかに、簡易裁判所書記官が取り扱う支払督促手続もあるけれども、債務者との間で債務の存在や金額に争いがある場合は、債務者から異議を出され、通常訴訟に移行することになる。それならば、支払督促手続を経由せずに最初から訴訟を提起したほうがはやいと言えるだろう」

（依田修一）

## ⑧⑧督促手続について

Q　**当社はＡ社に対して商品を売ったのですが、支払期限を過ぎても売買代金の支払いがありません。代金の回収に当たって、督促手続というものがあると聞いたのですが、どのような手続なのですか？**

A　督促手続は、債権者に簡易迅速に債務名義（強制執行によって実現されるべき給付請求権の存在と内容を明らかにし、それを基本として強制執行をすることを法律が認めた文書）を得させることを目的とする手続です。

具体的な手続の流れとしては、債権者（貴社）は、債務者（Ａ社）の主たる事務所・営業所等の所在地を管轄する簡易裁判所の書記官に対して支払督促の申立てを行い、書記官はこの申立てが所定の要件を満たしていると判断した場合、債務者から事情を聞くことなく、また、契約書などの証拠調べを行うことなく、債務者に対して支払督促を発します。

そして、支払督促正本が債務者に送達された後２週間以内に、債務者から異議の申立てがない場合には、債権者の申立てによって支払督促に仮執行宣言を付すことができます。この仮執行宣言の付いた支払督促が債務者に送達され、送達後２週間以内に債務者から異議の申立てがない場合には、仮執行宣言付支払督促は確定し、確定判決と同一の効力が生じます。

Q　**督促手続を利用するメリットは何ですか？**

A　債務者の審尋や証拠調べを行わない簡易な手続により、迅速に債務名義を得ることができます。また、書類の提出のみで行われる手続であり、法廷に出頭する必要はなく、弁護士に頼まないで手続を終わらせることができます（但し、後述のとおり債務者から異議があった場合には訴訟に移行します。そして請求額が140万円を超える場合には地方裁判所で審理されるため、代理人を立てるには弁護士に依頼せざるを得なくなります）。加えて、申立ての手数料が訴状の半額で済みます。

Q　**デメリットは何ですか？**

A　債権者の請求は、金銭その他の代替物又は有価証券の一定数量の給付を目的とするものでなければなりません。従って、例えば特定物の給付や建物の退去等を目的とする場合にはこの手続を利用できません。直ちに強制執行できない内容の請求、例えば、期限付請求、条件付請求、将来の請求については、原則としてこの手続を利用できません。また、債務者から異議があった場合には、訴訟に移行することとなり、最初から訴訟を提起するより事件の解決が遅れることがあります。さらに、債務者の所在が不明である場合には、この手続を利用することができません（公示送達ができないため。但し、仮執行宣言付支払督促の送達については、公示送達が可能です）。

（小室大輔）

# 不動産

## ⑧⑨賃貸人の民事再生申立てと賃貸借契約の消長

Q　**わが社はテナントビルを賃借して入居しているのですが、この度、賃貸人の会社が民事再生手続を申立てました。これにより当社との賃貸借契約は解除され、当社は出て行かなければならないのでしょうか？**

A　賃貸借契約は双方未履行の双務契約ではありますが、賃貸人が民事再生を申立てた場合、賃借人が経済活動の重要な基盤を一方的に奪われてしまうことを防止すべく、賃借人が第三者対抗要件を備えている場合においては、再生債務者たる賃貸人は賃借人に解除権を行使できないものとされています。

そして、ここにいう第三者対抗要件とは目的物が建物であれば当該建物の引渡しを受けていることを指します。

御社の契約が一般的な建物賃貸借契約であれば、第三者対抗要件が備わっているのが通常ですから、御社は建物を退去する必要はありません。

Q　**それを聞いて一安心しました。ところで、わが社は賃貸人にかなりの額の敷金を差し入れているのですが、差し入れた敷金はきちんと返してもらえるのでしょうか？**

A　民事再生の場合、賃借人は、共益債権化の制度を用いることにより預け入れた敷金を返してもらうことができます。

すなわち、賃貸人が民事再生を申立てた場合、手続開始決定後に御社が賃料を弁済期に支払うことにより、敷金返還請求権のうち最大賃料6カ月分相当額を限度として共益債権として扱われます。これにより、賃貸借契約が終了した際には、御社は賃料6カ月分相当額の敷金が共益債権として全額返還されることになります。なお、6カ月を超える部分の敷金については再生債権として扱われ、再生計画に基づきその大部分がカットされることになります。

Q　**賃貸人が民事再生を申立てた場合であっても、敷金返還請求権を確保するためには当面の間は賃料をそのまま弁済期に支払っておくべきということですね。**

A　そのとおりです。なお、敷金返還請求権が保全されるのは何も民事再生だけではありません。会社更生の場合はもちろんのこと、破産の場合であっても寄託請求制度を用いることにより同様に敷金返還請求権を保全することができます。

Q　**ところで、今回のケースとは逆に、賃借人が民事再生を申立てた場合はどうなるのでしょうか。賃貸人は当然に契約を解除して立ち退かせることができるのでしょうか？**

A　この場合は賃貸人が倒産した場合とは異なり、賃貸借契約の履行継続もしくは解除については再生債務者たる賃借人のみがなし得ることになり、賃貸人は賃貸借契約を解除することはできません。

この場合、賃貸人は、再生債務者たる賃借人に対し、相当の期間を定め、賃貸借を継続するか解除するかを確答するよう催告し得るに止まります。　（永　滋康）

## ⑨⓪ケース貸しと賃貸借の区別

Q　**私は、デパート内の商品陳列棚の一画を借りて物品の販売業を行っているのですが、先日、貸主たるデパートから店内リニューアルを理由に契約の更新を拒絶した上で立退きを求められてしまいました。その際、デパートからは「あなたの契約は『ケース貸し』なので借地借家法は適用されない」旨説明されたのですが、これはどういうことでしょうか？**

A　「ケース貸し」とは、デパート等施設において、商品陳列棚等の区画を借りて、デパート等の商号のみを表示し、また店員はデパート等から指定された制服を着用し、その営業にあたってもデパート等の指揮監督に服し、使用する区画も随時変更されるという形式にてデパート等の内部の一画に利用権を設定させる契約をいい、デパート等の出店契約の際によく利用されます。

ケース貸しにおいては、借主には店舗の一部に対する独立した占有の実態が認められず賃貸借契約とは言えませんので、借地借家法による保護を認めないのが判例の一般的な流れです。

Q　**私は、デパートの商号を表示して、営業方針についてもデパートの指揮監督に従う等の形で店舗営業を行っているのですが、この場合もケース貸しに当たり借地借家法の保護は受けられないのでしょうか？**

A　ケース貸しと借地借家法の適用を受ける賃貸借との区別においては、借主の占有の構造上の独立性及び利用上の独立性がそれぞれ確保されているか否かが重要なポイントになります。

具体的には、上記区別については、

①使用する区画部分が貸主より予め指定されているか
②借主が販売する商品の種類・品質・価格等の経営方針について貸主の指揮監督が及び得るか
③売場位置の指示・変更について貸主に権利が留保されているか
④陳列棚、照明器具、看板、レジスター等の主たる設備は貸主が設置したものであるか
⑤従業員の採否について貸主の指示に従う必要があるか
⑥顧客に渡す領収書等が貸主の商号にて発行されているか
等の種々の事情を考慮して総合的に判断し、当該区画における借主の占有が物理的な点においても利用実態の点においても貸主の占有から独立性が確保されている場合においては賃貸借契約に該当するものと判断されます。

Q　**そうすると私の場合はケース貸しに該当するので借地借家法の適用外ということになりそうですね。**

A　そうですね。借地借家法の適用を受けたいのであれば、経営方針についてデパートの指揮監督が及ばず、物理的にも建物の一部として独立性が高い区画設定の形式にて契約を締結しておく必要があるでしょう。

なお、デパートへの出店契約については、ケース貸し以外にも委託販売契約や消化仕入契約等の方式でなされることも多いのですが、これらの場合において借地借家法の保護を受けられるか否かについても、基本的には上記基準を前提に借主の独立した占有の有無が判断の要諦となります。

（永　滋康）

# 知的財産関係

## ⑨①切抜き新聞記事のコピーと著作権

**Q　不動産業を営んでいる当社では、不動産に関する市場や業者の動向などに関する新聞記事を切り抜いてストックしています。今後、切抜き記事をコピーして、会議資料としたり、社内配布することを検討しています。事実の報道は、著作物にあたらないと聞いたことがあるのですが、新聞記事も著作物にあたらないと考えてよろしいでしょうか？**

A　確かに、著作権法は「事実の伝達にすぎない雑報及び時事の報道は、著作物に該当しない」と定めています。しかし、一般的に、新聞記事は、取材した中から、一定の観点と判断基準に基づいて、何を盛り込むかを選択し、わかりやすい文章に構成した上で作成されています。直接の文章表現が、客観的な事実の伝達であったとしても、記者の称賛や批判、評価などの思想、感情が表現されている記事であれば、著作物にあたります。今日では、著作物にあたらないのは、人事異動や人の死亡記事など、思想や感情を交えず、事実だけを伝えるものに限られると考えられています。土地の公示価格や不動産会社の株価を示すにとどまる記事は著作物にあたらないといえるでしょうが、不動産市場や業者の対応に対する評価が含まれる記事であれば、著作物にあたることになります。

**Q　社内利用のために切抜き新聞記事をコピーするには、どのような手続をとる必要があるのでしょうか？**

A　原則として、新聞社や記者の許諾を得る必要があります。多くの新聞社は、記事のコピーを認める権限を社団法人日本複写権センターに委託しています。企業や団体の内部で使用するものであり、1回につき20部以内であれば、同センターと包括的な利用契約を結ぶことにより、記事をコピーして利用することが可能となります（個別に新聞社から許諾を得る必要はありません）。

**Q　切抜いた新聞記事そのものを台紙に貼って社内回覧に回す場合にも許諾が必要でしょうか？**

A　記事を複製（コピー）しているわけではありませんので、許諾は必要ありません。

**Q　新聞記事の内容を要約したものをコピーする場合は許諾が必要ですか？**

A　要約が、記事の存在を示すにとどまるのであれば、許諾は不要です。しかし、一部が省略されたり、表現が短縮されていたとしても、要約を読むことにより、記事に表現された思想、感情の主要な部分が認識できるものであれば、許諾が必要となると考えられています。

（柳澤　泰）

## ⑨②メディアの高度化と私的複製とのバランス

### アナログ時代

音楽や映画などの著作物を個人や家庭で楽しむために、自分で録音・録画すること（私的複製）は、演奏家や映画製作者の著作権を侵害するものではないというのが著作権法上の原則です。レコードをカセットテープに録音するといったアナログの複製しかなかった時代には、複製されたものはオリジナルのものよりも質が落ちますので、著作権者の利益がそれほど害されることはなく、この原則だけで特に問題は生じませんでした。

### デジタル時代

しかし、ＣＤ、ＤＶＤ、ＭＤ、ＣＤ-Ｒなどのデジタルソフト・デジタルメディアが普及すると、複製を瞬時にすることができ、しかも音質、画質が全く劣らないクローンが誕生することとなります。そのようなクローンが大量に出回ると、オリジナルのＣＤやＤＶＤが売れなくなり、著作権者としても黙っていられません。

著作権法もメディアの高度化にあわせ、私的複製自由の原則に修正を加えています。

### 録音・録画は私的な機械で

昭和59年の改正では、「公衆の使用に供することを目的として設置されている自動複製機器」を使用する場合は、著作権者の許諾なく複製することができないとしました。例えば、ビデオレンタル店に置かれている高速ダビング機でダビングする場合です。文字通りには、コンビニなどに置かれているコピー機でコピーを取る場合も許諾が必要となりますが、例外的に、当分の間は、専ら文書または図画の複製に供するものは含めないとされています。

## 補償金を支払わなければならない場合

平成４年の改正では、「私的録音録画補償金制度」を設け、ＣＤやＤＶＤをデジタル機器でデジタルディスクに録音・録画する場合には、著作権者に補償金を支払わなければならないとしました。現実の運用としては、ＣＤやＤＶＤの代金に補償金が上乗せされる形になっています。

## コピープロテクションの解除禁止

ビデオテープやＤＶＤの中には、複製しようとしてもできない仕組みが施されているものがあります（コピープロテクション）。平成11年の改正では、コピープロテクションを解除して複製することは、家庭内など個人的な使用目的であっても自由にはできないこととされました。また、コピープロテクションを解除する装置やプログラムを譲渡・貸与した者やインターネットにアップロードする者などは罰則の対象となります。

今後もメディアの高度化に伴い、私的複製自由の原則がさらに制約されていく可能性が高いと考えられます。

（柳澤　泰）

## ⑨③デジタル著作権とネットワーク化への対応

### デジタル著作権とは

従来、著作物は、紙に印刷され、キャンパスに描かれ、溝が刻まれたレコード盤などの物体（アナログ情報）として存在してきました。しかし、現在は、小説、美術、音楽をパソコンなどで創り、再生し、コピーすることのできるデジタル情報化の時代です。

プラスとマイナスという電気信号の集まりであるデジタル情報も「思想又は感情を創作的に表現したものであって、文芸、学術、美術又は音楽の範囲に属するもの」という要件（著作権法２条１項１号）を充たせば著作物にあたります。

「デジタル著作権」とは、このようにデジタル情報という形で存在する著作物についての権利をいいます。

### デジタル著作物の特徴

デジタル化された著作物であれば、コストをかけず、簡単に、極めて短時間でオリジナルと同質のコピーを作ることができます。しかも、何回コピーしても品質が劣化することがありません。すなわち、商品を購入しなくても、それと全く同等のコピーをただ同然で手に入れることができるのです。コピーが自由に認められれば、商品の売れ行きは極端に落ち、商売あがったりです。従来、著作権法は、著作物を私的に使用するための複製を認めてきましたが、デジタル方式の録音、録画については私的使用を目的とする場合であっても、権利者への相当額の補償金支払を義務付ける改正がなされました。

また、デジタルコピーを不可能にしたり制限するための技術も開発されていますが、他方ではこれを解除する装置も生み出されています。そこで、著作権法は、このような解除装置を販売した者を処罰するなどの規定を改正により新設しました。

### ネットワーク化への対応

さらに、著作物のデジタル化とインターネットの普及が結びつくと、デジタル著作物流通方法は劇的に変化します。

これまで、著作物を頒布する手段は、印刷物やＣＤなどの物品を販売するというものでした。ところが、インターネットの普及により、物品を製造しなくてもデジタル著作物を頒布・流通させることができるようになりました。音楽や映画をインターネット配信するビジネス急速に伸びているのが典型的な例です。

インターネットでの著作物の配信が自由ということになれば、著作権者は対価を徴収する機会をさらに失うことになります。

そこで、インターネット配信の普及に伴う著作権保護に対応できるように、平成９年の著作権法改正により、「公衆送信」の概念を整理するとともに、「自動公衆送信」、「送信可能化権」といった権利が創設されました。この改正により、インターネットでの送信やホームページへのアップロードも著作権が有する権利とされ、著作権者以外の者によるインターネット上での著作物の頒布・流通を禁止しうるようになったのです。

今後も、デジタルネットワーク技術はさらに急速な発展をするでしょうが、それに伴いデジタル著作権をめぐる法整備の必要性はますます高まるものと思われます。

（柳澤　泰）

# ⑭社内報等へのホームページ記事からの引用における注意点

### ホームページ記事の著作物性

ホームページ上の記事や文章も、思想又は感情を創作的に表現したものであれば、一般著作物と同じく著作権が認められます。

したがって、ホームページ記事を、社内報等に無断で掲載すれば著作権侵害となりますので、注意が必要です。

### 許される「引用」

ただ、著作権法32条には「公表された著作物は、引用して利用することができる」と規定されておりますから、この「引用」であれば許されることになります。

それでは「引用」とは、どのようにすればよいでしょうか。

著作権法32条は、前述に続き「この場合において、その引用は、公正な慣行に合致するものであり、かつ、報道、批評、研究その他の引用の目的上正当な範囲内で行われるものでなければならない」と定めています。

形式的には、引用して利用する部分と、引用されて利用される部分を、カッコなどで明瞭に区別して認識できるようにすることが必要です。さらに、引用される部分の出所を明示することも必要です（著作権法48条）。

さらに重要なことは、「引用」というためには、引用して利用する部分が、質的にも量的にも「主」であり、引用されて利用される部分が「従」であることや、引用が引用の目的上必要な範囲を超えないことも必要です。形式だけ、カッコでくくり、出所を明示すれば、全て引用として許されるわけではないことに御注意ください。

また、引用される側の著作物の著作者人格権を侵害するような態様の引用も認められません（最高裁昭和55年3月28日判決）。

例えば、著作権法20条は「著作者は、その著作物及びその題号の同一性を保持する権利を有し、その意に反してこれらの変更、切除その他の改変を受けないものとする」と規定しており、引用文を改変することは認められません。

**ホームページ上の掲示板**

ホームページ上の掲示板などには、ハンドルネームを表記してあるだけで実名が明らかになっていない表現が多くあります。

掲示板のそのような匿名の表現にも、いろいろなものがありますが、創作的表現であって、筆者の何らかの個性が発揮されていれば、著作物として保護されます。

他方、掲示板の文章のなかで、文章が比較的短く、表現方法に創作性の余地がないものや、ただ単に事実をそのまま記述したり、他の表現が想定できないものなどについては、創作性が認められず、著作権として保護されません。

ホームページ上の掲示板に投稿されていた記事の一部を転載して出版された書籍に対し、投稿者から出版の差止めと損害賠償金の支払が請求され、認められた判例（東京地裁平成14年4月15日判決）があります。

（依田修一）

## ㊺企業のソフトウエアの無許諾コピー

ホテルの喫茶室で『財界』を読みながらA氏とB氏が会話をしています。

A「きみの会社はパソコンのソフトウエアをきちんと導入しているかい」

B「パソコンはよくわからないけど、きちんとやっていると思うよ」

A「思うよ、なんて自信がなさそうだな。ソフトは簡単にコピーできることはきみも知っているだろう。ソフトをひとつだけ買って、他の社員もみんなで使うなんてことをすれば、無許諾コピーとして著作権法違反になることは聞いたことがあるだろう。」

B「そのくらいは知っているよ」

A「平成13年5月に東京地方裁判所で出された判決が有名だね。平成15年10月にも大阪地方裁判所で著作権侵害を認めた判決が出ているよ」

B「大阪地方裁判所の判決はどのような内容だったんだい」

A「コンピューター・プログラムについて著作権を有する原告が、被告会社による複製権（著作権法21条）侵害行為に対し損害賠償請求をしたんだ。そして原告は被告会社のみならず、会社の代表取締役の地位にあった代表者個人に対してもその職務を行うについて悪意又は重過失があったとして、商法266条の3（取締役の対第三者責任。現「会社法429条」）の損害賠償請求を求めたんだ」

B「代表者個人に対する損害賠償責任が認められたのか。自分も気をつけないといけないな」

A「その大阪地裁判決は、『〜代表取締役である被告としても、その職務上、自己又はその被告会社従業員をして、本件プログラムの違法複製を行わないように注意すべき義務があった』のに、注意義務を怠り、『〜漫然と放置していたのであるから、被告に少なくとも重過失があったことは明らか』だと述べており、知らなかったでは済まなくなっているよ。会社として違法複製防止に関する管理体制を整備し、管理責任者、管理規程を定めることは勿論、管理台帳を作成し、定期的に社内監査を行うことも必要だろう」

B「違法コピーした会社は、証拠保全という手続をされる心配もあるんだろう」

A「よく知っているね。著作権侵害をされた側からすれば、無許諾コピーの実態を証拠として保全しておく必要がある。被侵害会社が裁判所に対して申し立てをして認められれば、裁判所が侵害会社にきて写真などを撮ることになる。一応、事前に証拠保全決定の送達は行われるけれど、証拠保全が目的だから直前ということになるね」

B「証拠保全後に、正規のプログラムを有料で購入すれば、損害賠償は負わなくていいのではないかい？」

A「判決はその考えを排斥しているよ。正規品購入によって将来利用できる地位は取得するけれども、いったん無許諾コピーで発生した損害賠償義務を消滅させるものではないとしている。はじめが肝心ということだね」

（依田修一）

# ⑯著名人の名前や写真を使用することは許されるか
## ～パブリシティ権侵害となるかの判断基準を示した知財高裁判決～

### パブリシティ権と知財高裁の判決

芸能人やスポーツ選手などの著名人は、社会的に人気があり、あこがれの対象です。著名人の名前や写真は、商品の売上を伸ばすために、広告や商品に多く用いられています。このような著名人の氏名や肖像が持っている顧客吸引力という経済的利益・価値を排他的に支配する権利をパブリシティ権といいます。

平成21年8月27日、「ピンク・レディー」の写真の無断使用がパブリシティ権侵害となるかが争われた事案について、知的財産高等裁判所による判決がなされ、注目を集めました。

### 判決が示したパブリシティ権侵害の判断基準

判決は、著名人にパブリシティ権が認められるとしても、著名となった結果、一般人と比べて社会の関心の対象となりやすく、正当な報道、評論、社会事象の紹介などのためにその氏名・肖像が利用される必要もあり、表現の自由や自らの氏名・肖像を第三者が宣伝などすることで著名の程度が増し、社会的な存在が確立されていくという過程からして、パブリシティ権も制限され、第三者による利用を許容しなければならない場合があると述べています。

その上で、違法となるか否かは、パブリシティ権と表現の自由や社会的に著名な存在に至る過程で許容することが予定されていた負担との利益較量の問題としてとらえる必要があり、氏名・肖像を使用する目的、方法、態様や写真の入手方法、著名人の属性、著名性の程度、著名人自らの氏名・肖像に対する使用・管理の態様などを総合的に観察して判断されるべきとしています。

また、一般に、著名人の写真をグラビア写真やカレンダーに無断で使用する場合には、肖像自体を商品化するものであり、その使用は違法となるのに対し、写真が著名人の承諾の下に頒布された場合には、その写真を利用するに際して、著名人の承諾を改めて得なかったとしても、パブリシティ権の侵害が否定される場合もあるとも述べています。

## 判決が示した結論

判決は、写真が、ピンク・レディーの楽曲に合わせて踊ってダイエットをするという記事に関心を持ってもらい、その振付けの記憶喚起のために利用されていること（写真自体がそれほど大きくなく、グラビア写真として鑑賞の対象とするものとしては十分なものとは認め難いとしています。）、芸能事務所の許可の下、カメラマンにより撮影されたものであり、出版社で保管されていたものを再利用したとうかがわれることなどを考慮して、パブリシティ権の侵害には当たらないと判断しています。

今後、パブリシティ権侵害に当たるかを検討する際に参考となる判例であると思われます。

（柳澤　泰）

# ⑰特許ライセンスと出願段階での登録制度

Q　**最近、大学での研究成果を特許化し、それを民間企業が利用するための技術移転の制度（ＴＬＯ）が整備されてきていると聞いています。当社も、大学で研究されてきた特許発明を利用して、新製品を開発したいと考えています。他人の特許を利用するための制度には、どのようなものがあるのでしょうか？**

A　他人の特許を利用するためには、特許権者との間でライセンス契約を結び、特許の実施権を取得することが必要です。実施権には、専用実施権と通常実施権があります。

専用実施権とは、対象となる特許発明を独占的に実施することができる権利です。この権利を設定すると、特許権者自身も特許を実施することができなくなります。

これに対し、通常実施権とは、単にその特許発明を実施することができる権利であり、独占性はありません。

Q　**特許権は、登録をしないと権利として成立しないと聞いたことがあるのですが、実施権についても登録が必要でしょうか？**

A　専用実施権は、特許庁に備え置かれている特許原簿に登録しなければ、権利として成立しません。

これに対し、通常実施権は、登録がなくても当事者間の契約により有効に成立しますが、第三者に対抗するためには、登録をすることが必要になります。

Q　**当社が利用したいと考えている技術発明は、現在、特許出願をして審査中なのですが、実施権の登録はできるのでしょうか？**

A　これまでは、特許登録がなされる前に実施権の登録をすることはできませんでした。しかし、知的財産ビジネスの多様化が進み、登録前の特許を受ける権利についての実施権を権利として確認する必要性が高まりました。また、企業の合併・買収・分割などの組織再編が活発になり、特許を受ける権利が移転したとしても、実施権者の権利を保護する制度が求められるようになりました。そこで、平成20年の特許法改正により、特許登録がなされる以前であっても、仮専用実施権、仮通常実施権という権利を設定、許諾することが認められ、そのための登録制度が新たに設けられました。

**Q　仮専用実施権、仮通常実施権を登録することにより、どのような効果が得られるのでしょうか？**

A　かかる権利を登録することにより、特許出願中に出願者が特許を受ける権利を第三者に譲渡したとしても、新たな権利者に対して、登録した実施権の内容を主張することが可能となります。

また、出願者が登録審査中に破産した場合であっても、破産法の規定により、破産管財人はライセンス契約を解除することができず、実施権者が保護されることになります。

さらに、特許出願者は、仮専用実施権者、仮通常実施権者の承諾を得ずに、出願を放棄したり取り下げたりすることができなくなるという効果が発生することになります。

（柳澤　泰）

## ⑱企業は職務発明をした従業員にいくら支払えばよいのか ～特許法35条の改正～

企業の社員が職務を行うにあたって発明をした場合（職務発明)、まず、社員個人が特許を受ける権利を取得します。契約や勤務規則により予めこの権利を企業に承継させると定めておくことは可能ですが、相当の対価を支払う必要があります。東京地裁が日亜化学工業に対し青色ＬＥＤの職務発明者である中村修二氏に200億円の支払を命じた判決は記憶に残っているのではないでしょうか。非常に高額な支払を命じた判決であったため、経済界から大きな反響もありました。この判決を受けてか、職務発明に関する特許法35条が平成16年に改正され、平成17年から施行されています。

### 旧法の下での考え方

旧法の下では、「相当の対価」とは、職務発明による特許の実施や実施許諾料による収入･利益額、発明に対する社員の寄与度、企業の貢献度などを認定して客観的に算出される金額であって、企業が勤務規則などによって金額を定めていたとしても、客観的相当額に足りない場合には無効であると解されていました。これに対し、企業側からは、世間相場とかけ離れた金額となるおそれがある、予めいくらとなるか予測がつかないなどといった批判がありました。

### 企業による対価の定め

今回の改正法は、対価を決定する基準が不合理でなければ、予め契約や勤務規則などにより対価を定めることができる旨定めています。企業としては、どのような場合に合理性が認められるのか関心のあるところですが、改正法は、考慮すべき要素として、使用者と従業者との協議状況、当該基準の開示状況、従業者からの意見聴取の状況を挙げており、少なくともかかる手続をとることは必要となります。また、手続面のみならず内容面、すなわち、金額自体の合理性も必要であると考えられています。

### 相当性を判断するファクター

企業の定めた基準が不合理でないとなれば、算出される金額は「相当の対価」であるとみなされますが、不合理とされれば裁判所が改正前と同じように「相当の対価」の金額を決定することになります。改正法は、「相当の対価」であるかを判断する際に、旧法でも規定されていた企業が受ける利益の額、企業の貢献度に加え、企業の負担、社員の処遇を考慮すべき要素として明記しています。

### 今後の展望

今回の改正で、勤務規則などにより対価を定めうるとされた点に一定の進歩は認められるでしょうが、金額自体の合理性・相当性の具体的な判断基準については、今後の判例の集積が必要であると思われます。

（柳澤　泰）

## ⑲商品の形状と立体商標

Q　**当社は、万年筆を製造・販売している老舗メーカーです。当社の万年筆は、独自のデザインが好評で、売れ行きも上々です。万年筆の形状の商標登録を考えているのですが、可能でしょうか？**

A　従来、商標として保護されるのは、文字や図形、記号など平面的なものに限られていましたが、平成８年の商標法の改正により、立体的形状も商標として登録することが可能となりました。立体商標の例としては、ケンタッキー・フライドチキンのカーネル・サンダース像や不二家のペコちゃん・ポコちゃん人形などがあります。

ただし、商標法は、商品の形状を普通に用いられる方法で表示する場合は、原則として登録を受けることができず、例外的に、使用をされた結果、需要者が何人かの業務に係る商品であることを認識することができるものについて登録を受けることができると定めています。すなわち、商品の形状を商標登録するためには、その形状により他の商品と識別しうること（自他商品識別力）が必要とされます。

また、その商品の形状が、その商品の機能を確保するために不可欠である場合には、登録を受けることはできません。

Q　**立体商標が問題となった裁判例はありますか？**

A　ヤクルト容器の形状につき、東京高裁は、「乳酸菌飲料の一般的な収納容器であるプラスチック製使い捨て容器の製法、用途、機能からみて予想し得ない特徴があるものと認めることはできない」として自他商品識別力を否定し、登録を拒絶した特許庁の判断を支持しました。

また、ひよこ型の饅頭の形状につき、特許庁は登録を認めましたが、東京高裁は、「店舗が必ずしも日本全国にあまねく存在するものでなく、販売や宣伝は“ひよ子”という文字商標に着目する形で行われており、類似した菓子が多数存在しありふれた形状に過ぎない」とし、立体商標としての権利性を否定する判断をしています。

近時では、マグライトという懐中電灯の形状について、商標登録を認めなかった特許庁の判断に対し、「長期間にわたるデザインの優秀性を強調する大規模な広告宣伝を行い、多数の商品が販売された結果、需要者において商品の形状を他社製品と区別する指標として認識するに至っていると認めるのが相当である」として、商標登録が可能であると判断した東京高裁の判例もあります。

**Q　商品の形状について、意匠権でなく商標権を取得するメリットはどのような点にあるのですか？**

A　意匠権の存続期間は、登録から20年であるのに対して、商標権は、更新を繰り返すことにより半永久的に独占的権利を得られるという違いがあります。

（柳澤　泰）

## ⑩⓪画面デザインの意匠法による保護

**Q　画面デザインの保護とはどのようなことですか？**

A　携帯電話、デジタルカメラ、コピー機、さらには最近の洗濯機や炊飯器などには、操作をするための画面が付いています。操作画面のデザインによって商品の使いやすさが変わってきますし、人気ヒット商品になることもあります。企業も多額の投資をして画面を開発しており、法的保護の必要性も高いといえます。このような画面デザインは、物のデザインを権利としている意匠法によって保護の対象となりうるものです。

**Q　十分保護されているのでしょうか？**

A　意匠法は「物品（物品の部分も含みます）の形状、模様もしくは色彩又はこれらの結合であって、視覚を通じて美観を起こさせるもの」を意匠として保護してきました。このような定義のもとでも、液晶時計の時刻を表示する画面のように、その製品にとってなくてはならないものは、意匠として保護されてはきました。しかし、保護の範囲は非常に限られていたことから、平成18年の意匠法改正により保護される画面デザインの範囲が広げられることとなりました。

**Q　改正によりどのように変わったのですか？**

A　物品の操作（当該物品がその機能を発揮できる状態にするために行われるものに限る）の用に供される画像であって、当該物品又はこれと一体として用いられる物品に表示されるもの」も意匠に含まれるとしたのです。わかりにくい表現ですが、物品の機能を発揮する状態にするための操作画面を保護の対象とした点と物品自体でなくとも一体として用いられるものに表示される場合も保護の対象とした点がポイントです。

例えば、携帯電話に付いているメール機能を起動させるための画面やデジタルビデオレコーダーのようにケーブルで接続されたテレビ画面上に表示される操作画面のデザインも保護の対象となります。ただし、機能を発揮した後の画面、例えばゲーム機でゲームをしている最中の画面は保護の対象にはなりません。

Q **パソコンで使用するソフトの操作画面で斬新なデザインを開発したのですが、意匠法により保護されるのでしょうか？**

A 意匠法で保護されるのは、前述のように、物品又はこれと一体となって用いられる物品に表示されるものです。したがって、パソコンソフトのように特定の物品との結びつきがないようなものは意匠法の保護の対象とはなりません。ただし、斬新なデザインや機能であれば、著作権や特許権として保護される余地はあります。

Q **意匠権を取得するためにはどのような手続が必要なのでしょうか？**

A 特許庁に登録出願をし、新規性などの要件を充たしているか審査を受け、登録をすることが必要です。権利の存続期間は改正により15年から20年へと延長されました。

（柳澤　泰）

## ⑩模倣品・偽ブランド品に対する規制とその強化

Q　**我社は女性用ハンドバッグを製造しています。おかげさまで、売れ行きは好調です。しかし、最近、同じデザインの模倣品が安く出回っていて困っています。何とかならないでしょうか？**

A　御社がそのハンドバッグのデザインを特許庁に意匠登録しているのであれば、製造や販売の差止や損害賠償を請求することができます。しかし、デザインの流行は短い期間で変わるので、時間や費用を考えると、その都度登録をすることはできない場合も多いでしょう。

意匠登録をしていなくとも、不正競争防止法（不競法）は、他人の商品の形態を模倣した商品の譲渡や展示、輸入等（形態模倣）を禁止しているので、販売している者に対して、差止や損害賠償を請求することが可能です。ただし、御社商品が、国内で最初に販売された日から３年を経過している場合は除かれます。３年を経過していた場合であっても、そのデザインが女性の間で「御社の商品である」と広く認識されており、模倣品が御社の商品と間違われる危険があるのであれば（周知商品表示混同惹起）、同じように差止や損害賠償を請求することができます。

Q　**我社のハンドバッグには社名の頭文字であるＣをかたどったマークを付けています。おかげさまで、お客様には、ブランドマークとして認知していただいています。先日、同じマークを勝手につけているＴシャツを見つけたのですが、止めさせることはできるのでしょうか？**

A　御社のマークが衣料品として商標登録されているのであれ

ば、製造や販売の差止や損害賠償を請求することができます。また、不競法は、他人の著名な商品表示を使用した商品の譲渡や展示、輸入等（著名表示冒用）を禁止しています。御社が商標登録をしていなくても、御社のマークが、誰が見ても御社のマークであると分かるほど著名なものであれば、販売の差止や損害賠償の請求が可能です。

Q　**法律が改正されて模倣品や偽ブランド品に対する規制が厳しくなったと聞いたのですが、どのように厳しくなったのでしょうか？**

A　これまで、不競法は、前述の形態模倣行為や著名表示冒用行為について、刑罰を設けていませんでしたが、平成17年の改正により、それぞれ、5年以下の懲役もしくは500万円以下の罰金（法人の場合は3億円以下の罰金）、3年以下の懲役もしくは300万円以下の罰金（法人の場合は1億円以下の罰金）が科されることとなりました。また、これまでは、関税定率法は、不競法に違反する物品の輸入を禁止していませんでしたが、改正により、不競法違反の物品の輸入も禁止されました。模倣品や偽ブランド品は、海外で造られたものが国内に持ち込まれるケースが大多数です。関税定率法での輸入禁止により、不競法違反の物品についても、税関通過の水際段階で全国一斉に検挙することができるようになります。この法改正で、模倣品や偽ブランド品対策の実効性がかなり高まると思われます。

（柳澤　泰）

SALE
SALE
OKYO3

## ⑽知的財産権侵害物品の輸入阻止手段

Q　**当社は、液晶パネルの特許権を持っており、その技術を利用した液晶テレビを製造・販売しています。最近、他社が、海外から液晶テレビを輸入して、販売しようとしているのですが、その製品は、当社の特許技術を無断で用いているものと思われます。そのような製品が安く販売されると、当社の売り上げが落ちることは明らかです。このような場合に輸入を阻止することはできないのでしょうか？**

A　特許権など知的財産権の権利者が、権利を侵害する物品の輸入を阻止する制度として、関税法による輸入差止制度があります。権利者は、税関長に対し、自己の権利を侵害すると思われる物品（疑義物品）の輸入を差止め、侵害品であることの認定を求める申立をします。この申立が受理され、通関申告品の中に疑義物品が発見されると、税関は、通関を止め、侵害品に該当するかの認定手続をとります。侵害品でないと認定されれば輸入が許可されますが、侵害品と認定されると当該物品の輸入は認められず、没収されます。

Q　**申立をすれば必ず受理してもらえ、通関を止めることができるのでしょうか？**

A　申立受理のためには、

①申立人が権利者であること

②権利の内容に根拠があること

③侵害の事実があること

④侵害の事実を疎明できること

⑤税関で識別できること

という5つの要件を満たすことが必要です。

Q　**一旦申立が受理されれば、いつまでも効力が続くのでしょうか？**

A　最長で2年間までとされていますが、更新することが可能です。

Q　**認定手続はどのように行われるのでしょうか？**

A　権利者と輸入者の双方に証拠や意見の提出の機会が与えられ、税関長は、必要に応じて特許庁長官や専門委員の意見を照会するなどして、1か月以内を目途として、侵害品に該当するかを判断します。申請により、疑義物品を点検することも可能です。さらに、権利者が自ら検査をしないと自己の主張を裏付ける証拠や意見を提出することができない場合には、税関が権利者に疑義物品の見本を提供し、権利者が分解、分析して検査することもできます。ただし、権利者による費用の負担、輸入者が被るおそれのある損害の賠償を担保するための金銭の供託、検査により得られた情報の使用制限、税関職員等の検査への立会い等が条件となります。

Q　**輸入者が侵害品であることを争わなかった場合はどのようになるのでしょうか？**

A　輸入者が侵害品であることを争わず、疑義物品を廃棄、放棄、積戻し等をすれば認定手続は終了することとなります。また、権利者との話し合いにより、輸入についての同意を取得した場合には、侵害品に該当しないとの認定がなされ、輸入が許可されることとなります。

（柳澤　泰）

【監修者及び執筆者紹介】
## 田宮合同法律事務所

**所長弁護士・田宮　武文**
桐蔭横浜大学法科大学院客員教授　日本民事訴訟法学会、司法アクセス学会、㈶日本法律家協会 各会員　学校法人理事・評議員　社会福祉法人理事・評議員　財団法人監事　上場会社社外監査役　元第二東京弁護士会常議員　元日本弁護士連合会代議員

**弁護士・依田　修一**
桐蔭横浜大学法学部客員教授　社外監査役　日本民事訴訟法学会、司法アクセス学会、㈶日本法律家協会 各会員　元第二東京弁護士会常議員　元日本弁護士連合会代議員

**弁護士・栁澤　　泰**
横浜創英短期大学情報学科教授　日本民事訴訟法学会、司法アクセス学会、㈶日本法律家協会 各会員　元第二東京弁護士会常議員　元日本弁護士連合会代議員

**弁護士・永　　滋康**
桐蔭横浜大学法科大学院客員教授　日本民事訴訟法学会、司法アクセス学会、㈶日本法律家協会 各会員　第二東京弁護士会常議員　元日本弁護士連合会代議員

**弁護士・内橋　　徹**
桐蔭横浜大学法学部客員教授　㈶日本法律家協会会員　元日本弁護士連合会代議員

**弁護士・小室　大輔**
桐蔭横浜大学法学部客員教授　㈶日本法律家協会会員　元日本弁護士連合会代議員

**弁護士・山越　真人**
桐蔭横浜大学法学部客員教授　㈶日本法律家協会会員　元日本弁護士連合会代議員

**弁護士・舟木　　健**
日本弁護士連合会代議員　知的財産管理技能士

上司ならこれだけは知っておきたい
**法律知識**

2010年3月24日　第1版第1刷発行

編　者　田宮合同法律事務所
監　修　田宮武文
発行者　村田博文
発行所　株式会社財界研究所
［住所］〒100-0014東京都千代田区永田町2-14-3赤坂東急ビル11階
［電話］03-3581-6771
［ファックス］03-3581-6777
［URL］http://www.zaikai.jp/

印刷・製本　図書印刷株式会社

ISBN 978-4-87932-068-1
定価はカバーに印刷してあります。